國語國文學叢書 012

續三綱行實圖

Hakjaone 학자원

국어국문학총서 12

續三綱行實圖 原刊本 重刊本

2017년 7월 25일 초판 1쇄 발행

저　자 : 申用漑 等
펴낸이 : 김병환
펴낸곳 : 학자원
주　소 : 134-814 서울시 강동구 천호대로 1121
전　화 : 02) 6403-1000
팩　스 : 02) 6338-1001
E-mail : hakjaone@daum.net
등　록 : 2011년 3월 24일 제324-2011-14호

HAKJAONE Publishing Co.
1121 Cheonho-Daero Kangdong-Gu Seoul

ISBN : 979-11-87806-35-6 93810

값 35,000원

續三綱行實圖 解題

洪 允 杓

續三綱行實圖는 1514年(中宗 9年)에 申用漑 등이 中宗의 命으로 三綱行實圖에 빠져 있는 孝子、忠臣、烈女들에 대한 事蹟을 收録·諺解하여 1冊의 木版本으로 刊行한 책이다。

이 책은 그 原刊本이 서울大 일사文庫와 日本의 東洋文庫에 소장되어 있다。本影印의 底本인 서울大 一簑文庫本은 책의 크기가 세로 35.4㎝ 가로 20.6㎝이다。四周雙邊에 半郭은 세로 가로 각각 23㎝、16㎝이고 有界 13行 22字이다。版心은 大黑口上下內向黑魚尾인데 版心題가 孝子圖、忠臣圖、烈女圖에 따라 各各「續孝子圖、續忠臣圖、續烈女圖」로 되어 있다。事蹟을 그림과 漢文으로 說明하고 欄上에 한글로 諺解하여 실었다。一部가 腐蝕되어 南袞의 序文 一部와 申用漑의 箋文의 一部가 안타깝게도 보기가 힘들다。第9장과 第10장의 漢文과 欄上諺解 部分은 나중에 붓으로補寫 되었다。그리고 烈女圖의 目録마지막에 보이는「鄭氏不食」과「李氏守信」이 없어 2장이 落張되었다。

이 續三綱行實圖는 1514年에 刊行되었음이 틀림없다。南袞의 序文에「正德九年 甲戌六月下澣…」이라 되어 있고、申用漑 등의 箋文에도「正德九年十月初十日…」로 되어 있기 때문이다。비록 이 책의 表記에 ㅸ이 출현한다고 하여、이를 15세기에 간행된 책의 重刊本으로 볼 수 있을지 모르나、이 책의 刊行過程이 王朝實録에 記録되어 있는 것으로 보아 1514年에 刊行된 것으로 볼 수밖에 없다。ㅸ이 출현하는 것은 三綱行實圖에 전적으로 의존하여 이 續三綱行實圖가 편찬되었기 때문인 것으로 보인다。

이 續三綱行實圖의 편찬이 始作된 것은 中宗 7年(1512年)인 것으로 보인다。實録에

先是 上教諭中外曰 本朝忠臣孝子烈婦事績未及圖寫者 竝撫遺搜撫 續印成冊 禮曹行移名道 節義可旌人姓名職銜 使無遺牒 報至是…(中宗實録 卷15、7年 5月 壬子條)

撰集廳啓曰 續三綱行實 今方撰集 中朝及國朝人物不載者 竝皆搜撫而録之…(中宗實録 卷17 7年 11月 甲辰條)

라 하여 續三綱行實圖가 撰集廳에서 撰集되기 시작하였음을 알려 준다。그리고 傳曰 三綱行實續撰時 祖宗朝及反正後事 竝令撰集 祖宗朝所印 欲使閭港愚民 皆得易知 故用諺字飜譯 但字體微小 今以大字印出 以使觀覽… 製序之時 宜述此意(中宗實録 卷20、9年 4月 乙未條)라 한 것으로 보아 1514年에 諺解가 된 것으로 생각된다。

이의 重刊本이 전한다。原刊本과는 달리 欄上諺解가 한글만으로 되어 있고、ㅿ이나 ㅸ 그리고 傍點이 없다。ㆁ도 보이지 않는다。安秉禧 教授의「中世語의 한글資料에 대한 綜合的인 考察」에 의하면 ㅿ·ㅸ과 傍點은 없으나 ㆁ이 쓰이는 重刊本이 1581年(宣祖 14年)에 三綱行實圖와 함께 刊行되어 현재 日本의 內閣文庫와 國會圖書館、臺灣의 中央圖書館에 소장되어 있다고 하나 筆者는 이 文獻을 볼 기회가 없었다。

여기에 影印하는 重刊本 續三綱行實圖는 그 刊年을 명확히 알 수가 없다。冊末尾에「丁未閏三月日 箕營開刊」이란 刊

記가 있어서 平壤에서 刊行된 것만을 명확히 알 수 있다。日本의 內閣文庫 등에 소장되어 있다는 續三綱行實圖 重刊本과는 ㆁ이 쓰이고 쓰이지 않는 點에서 차이를 보인다고 할 때、本 影印의 底本인 丁未箕營刊本은 上記 1581年 版의 複刻일 가능성이 많다。箕營版은 表記法上으로 보아 16세기말에서 17세기초기 사이에 간행된 것으로 보이나、複刻本일 가능성을 생각한다면 丁未年이 어느 해인지 알 수 없다。가장 빨리 잡는다면 아마도 1607年(宣祖 40年)일 것이다。이 책에서는 「•」의 混乱은 第二音節 이하에서 가끔 보이고 있고、語末의 ㅅ과 ㄷ은 대개 ㅅ으로 통일되어 있으며 口蓋音化는 일어나지 않는다。(箕營 開刊이기 때문인지도 모른다。

原刊本과는 內容上에 차이가 약간 있다。즉 原刊本은 孝子 36명、忠臣 5명、烈女 28명의 사적이 수록되어 있는데 이 重刊本은 忠臣에 深源斥姦條가 하나 追加되어 忠臣이 6명으로 늘어났다。이 深源斥姦條에 「康靖大王朝」와 「燕山君」 등의 명칭이 나타나지만 이는 成宗의 謚號이므로 이것으로는 이 重刊本의 刊年은 추정할 수가 없다。이 책은 서울大古圖書와 國立中央圖書館 등에 소장되어 있는데、본 영인은 國立中央圖書館 소장본을 저본으로 한 것이다。版畵도 原刊本과는 많이 달라서 覆刻本은 아니다。다음에 原刊本과 본 영인본의 저본인 重刊本과의 表記法上의 차이를 간략히 보이면 다음과 같다。

原 刊 本

① 傍點이 있다
② 漢字音이 表記되어 있다.
③ ㅸ, ㅿ, ㆁ이 쓰이었다.
④ 激音化가 안 나타났다. (갈)
⑤ 語頭硬音化가 나타난다. (ᄭᅮ짓고)
⑥ 「•」의 第二音節以下의 混乱이 적다.
⑦ 「•」의 第一音節에서의 混乱이 없다.
⑧ 語末의 ㅅ과 ㄷ이 區別되어 表記되었다.
⑨ ㄹ下에서 ㄱ이 탈락되었다. (알오)
⑩ 圓唇母音現象이 나타나지 않는다.

重 刊 本

① 傍點이 없다.
② 漢字音이 表記되어 있지 않다.
③ ㅸ, ㅿ, ㆁ이 쓰이지 않았다.
④ 激音化가 나타났다. (칼)
⑤ 上 同
⑥ 「•」의 第二音節以下의 混乱이 원간본에 비해 많이 나타난다.
⑦ 上 同
⑧ 語末의 ㅅ과 ㄷ이 대개 ㅅ으로 통일되었다.
⑨ ㄹ下에서 ㄱ이탈락되지 않는다. (알고)
⑩ 圓唇母音化現象이 많이 보인다.

續三綱行實圖箋

原刊本

癸丑十月 二十九日

日始新備

竊稿[illegible]聞三代教民之法。惟周家詳。司徒

氏掌七教六行。以詔於民。而猶恐其或不率

也。則使官師。書其德行以勸之。夫既[illegible]。又

從而勸之。民安有不化者乎。周之治化之[illegible]

卜曆之久。專在於此。我

朝立國規模。與周家忠厚無異。而其勸民興行

之意。則殆有過焉。蓋

世宗承草創之後。靡遑他及。而首急於人命。至乃

創出

獨智。具圖成書。揭示民[illegible]

成宗率遵成規。是脩是廣。丁亥
殿下興民更始。克恢
兩朝之遺範。而鼓舞振作。使舊邦惟新。
二聖相繼。既作迺述。耳提面命。漸民於善。豈特周
家。使官師勸之而止者哉。說者謂人心之
所同然者。善也。一編之書。足以感發乎萬人
之心。不必增而續之。殊不知常人之情。厭舊
而貴新。況古人作於百世之上。其姓名行蹟。
俱已湮滅。觀書者不以為尋常。則必諉之於
高遠難及。而未之勉焉。今新編所錄。大抵皆

耳目之所逮也。將人之得是編者。忽覩乎昔
所見聞之人。列在卷上。必曰彼旦能是。我獨
不能是耶。感勵歆羨。不能自已。夫如是則我
殿下誘掖開導之方。豈不益切於前乎。嗚呼。自麗
夏以來。至于
國初。卓行高節。忠慮三百三十人。而萃于一書
人倫之道備矣。自爾至今。百許年間。興起者。
云若干人者。以見天下之善無窮。而我
盛朝優游敦厚之教。矯揉斯民者。於是
矣。由今以往。凡爲於三綱者。

吾但能各盡本分之所當爲
帝之所畀付則於
國家重輯新書惓惓爲民之意庶無負云。正德
九年甲戌六月下澣嘉善大夫吏曹參判兼
同知
經筵事五衛都摠府副摠管臣南袞拜手稽首
謹序

進續三綱行實圖箋

崇政大夫議政府右贊成兼知 經筵事判義禁府

事弘文館大提學藝文館大提學知春秋館成均館

事臣申用漑等奉

旨撰續三綱行實圖訖。謹繕寫投

進。臣用漑等。誠惶誠恐。稽首稽首

上言。伏以。

降衷秉彝實同得而有則。化民成俗在善誘之無方。

人倫莫大於三綱。治道宜勑乎五典。盍集往昔之行

跡。用作來今之範模。孝於親忠於君家國非有二致

竭其力盡其命夷險終當一揆。至於婦人事夫要以

貞信為節。豈惟古今之通義。乃是天也

世宗莊憲大王。

進續三綱箋

德著
躬行。
聖固天縱。凡關節義名教。莫不
扶植維持。小民可使由之。尚
恐三隅之不反。大綱既已張矣。猶
慮一目之或遺。爰
命博雅之臣。俾專編錄之任。旁采忠孝貞烈之卓異。以
聳中外衆庶之見聞。事貴可傳。無間今代之久近。善
斯爲法。何有貴賤之差殊。圖像既肖其纖微。贊亦
極乎褒美。不但欲想其面目。抑以感發乎性情。馴致
比屋之可封。世積
亮辟。
啓佑後人。以囿缺代有

聖神。

成宗康靖大王。

道就緝熙。

志存繼述。用諺字而新譯。隨郡邑而重

頒。雖愚婦可以易知。於委巷亦無不及。觀感之間。息所

已乎。風化之淳有自來也。何圖天運之否。幾致人紀

之墜。

主上殿下。以

上聖之

資。

値中興之會。

革舊染而更始。

監成憲以無愆。

謂綱常爲宇宙之棟樑在人心猶不勝[illegible]

之鼓舞

承亂政而當先顧惟撰循所編止於宣德以上非但未

及於近世之事亦多有漏於

大明之初茲撰續圖適丁今月臣等僭以庸愚叨奉

德音綜文獻之足徵參述作之有攸摹形而紀其實行

懿運

世宗之前規逐節而譯以方言並用

成廟之遺式循其蹟而是錄故敢數之不同謹[illegible]纂

倩輸裝潢而上

進其則不遠無待面命而耳提於變時雍佇[illegible]

治隆而俗美臣用慨等無任望

天[illegible]

聖激切屛營之至。謹奉

箋隨

進以

聞

正德九年十月初十日崇政大夫議政府右賛成兼

知經筵事判義禁府事弘文館大提學藝文館大

提學知春秋館成均館事臣申用漑等謹上箋

續三綱行實孝子圖目錄

續三綱行實孝子圖目錄

왕中이ᄂᆞᆫ 登ᄋᆞᆼ 封봉
ᄅᆞ미라 지비 녀ᄅᆞᆷ지이
ᄒᆞ고 그를 몰롤ᄒᆡ 性셩이
ᄀᆞ자ᄉᆞ도록 더니 어미 죽
ᄂᆞᆯ 三삼年년 侍ᄊᆡ墓모
ᄒᆞ야 닙옷 닙고 나날 粥쥭
머그며 아ᄎᆞᆷ나죄 올오 祭
졔ᄒᆞ며 미러 바셔와 옷기
라 납다 아니터라 무덤 겨
티을 잡셔 우므를 네길나
마 포티ᄆᆞ리 업거ᄂᆞᆯ 우므
ᄃᆞᆯ횟득라 절통ᄒᆞ야 하ᄂᆞᆯ씨
ᄂᆞᆯ리씨 내므리ᄌᆞ 사나거
ᄅᆞᆯ 구줄 흥흐되 孝子 旌정
르 그리 타흔더라 旌셩
두지 그 鉉鎔 門몬 세니

王中。登封人。家業農。未嘗知書。性
被衰麻。日食飦粥。旦夕哭奠。未嘗櫛髮
井四丈餘。不得泉。中環井再拜籲天。泉乃湧出。鄉里以爲
孝誠所感。洪武間表其門

朝晡哭奠守齋廬。飦粥三年廢櫛梳。純孝固知天性
耳。平生不識一行書。　居廬無水薦明蠲。掘井其如不
見泉。再拜倏然波湧出。至誠能感彼蒼天

炳병ᄋᆞᆫ 舞무陽양 사ᄅᆞ미라 어미 焦초氏씨 셤교ᄃᆡ 지그기 孝효도ᄒᆞ야 치음 더음과 아ᄎᆞᆷ 나죄 ᄉᆞᆲ펴 보ᄋᆞᆯ 禮례예 그ᄅᆞᆺ디 아니터니 어미 病뼝이 되거ᄂᆞᆯ 炳병이 슬허ᄒᆞᄂᆞᆫ 띠 비러 제 모모로 代ᄃᆡ身신ᄒᆞ야 지라 터라 어미 또ᄂᆞᆯ ᄋᆡ 고기 먹고자 커ᄂᆞᆯ 炳병이 이러더러 가 얻디 가몯ᄒᆞ야 더욱 설워ᄒᆞ더니 나조히 忽홀然연히 놀이 제 지븨 드러오나ᄂᆞᆯ 자바 어미를 머기니 病뼝이 됴ᄒᆞ바 열ᄌᆞ바ᄂᆞᆯ 洪홍武무

周炳致獐 本朝

閔人事母

謂天願以身又因　丙

忽有獐入其室。殺以略母病　事

病在阿孃痛在身。祈心禱穎　文　身　孔

諳。願以兒身代母說　母患沉痾欲食　四

中腸忽然入室應神既。一獸高堂體便

趙됴娥아ᄂᆞᆫ 酒쥬泉쳔 사ᄅᆞ
미니 아비 安안이 ᄒᆞᆫ 그ᅌᅳᆫ
李리壽슈의게 주구고 저
兄형弟뎨 세히 ᄒᆞᆫ ᄢᅴ 疫역病
ᄒᆞ야 주거ᄂᆞᆯ 趙됴娥아ㅣ
아비 寃원讐슈를 갑디 몯
ᄒᆞ야 셜워 슬허 예 다ᄂᆞ
니고 ᄆᆞ매 ᄢᅦ 갈 너허 나지 ᄒᆞ
며 壽슈를 都도亭뎡 알ᄑᆡ
가 디ᄅᆞ여 주기고 그 올 히 ᄀᆞᆯ
가 늣비 ᄎᆞᆫ 변티 아니 ᄒᆞ야
니ᄅᆞ디 아비 寃원讐슈를
ᄒᆞ마 갑ᄒᆞ니 罪죄를 니
버지라 청ᄒᆞᆫ대 원이 法
법을 늦추워 趙됴娥아를
노코져 ᄒᆞ더니 趙됴娥아
ㅣ 나가디 아니ᄒᆞ거늘 구틔
여 지브로 도로 보내니라
그 와 赦샤로 免면ᄒᆞ거늘 ᄀᆞ
올히 嗟차嘆탄ᄒᆞ야 돌
해 사겨 ᄆᆞᅀᆞᆯ해 表표ᄒᆞ니
라

趙娥酒泉人父安爲同縣李痛死娥自父讐不報乃帷車袖劒白日徐詣縣顏色不變曰父讐已報請就戮縣長尹嘉欲法縱娥娥不肯去強載還家會赦得免州郡 太守刊石表閭

詩
父仇未復弟兄亡子立孤娥痛自傷袖劒帷車誅甚武都亭白日快逢場
報仇伏法自心甘義氣凛凛磨穹
百男縣尹饒他仍會赦州閭旌表以義彰

仁인厚후ᄂᆞᆫ河하陽
양 사ᄅᆞ미라 나히 사흔인
제 아비 거상 니버 侍시墓
묘ᄒᆞ여늘 恭공定뎡大
대王왕이 朝됴애 엳ᄌᆞ와
ᄌᆞᆯ紅홍門문 셰니라

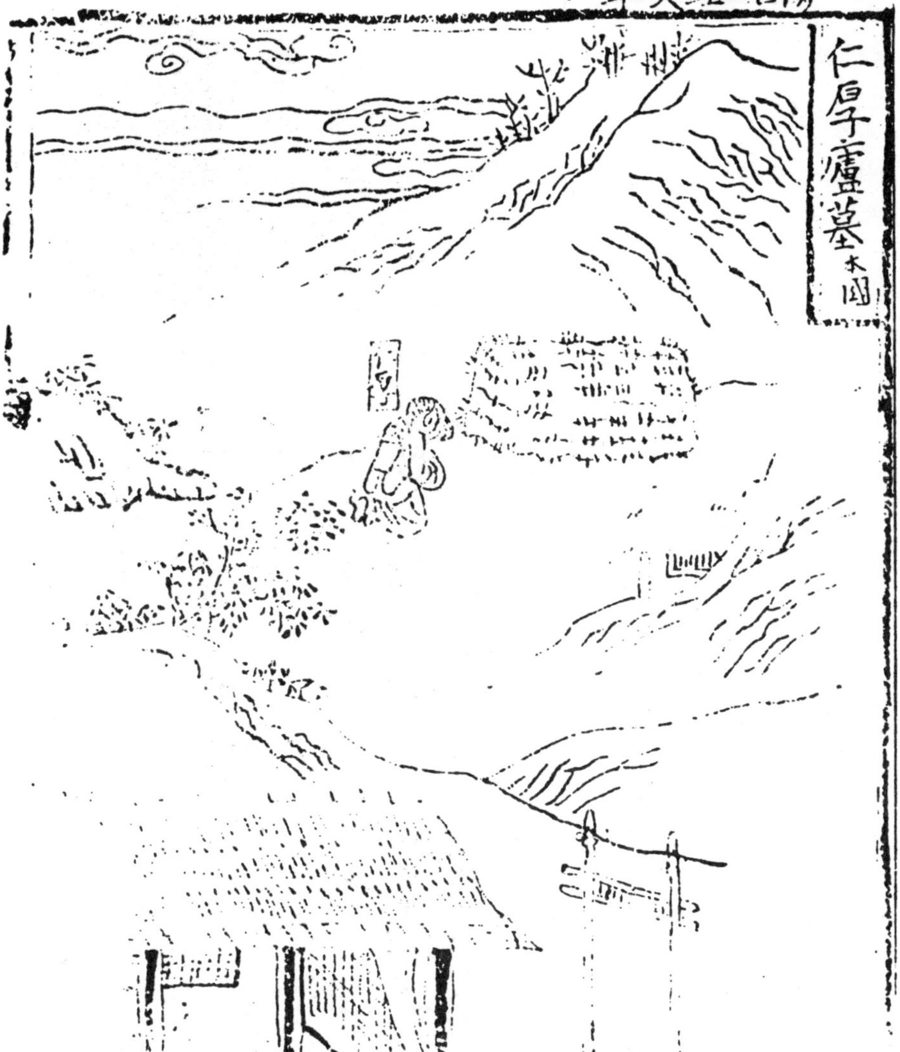

尹仁厚河陽人年九歲遭父喪廬墓三年事聞旌閭

詩
親亡哀毁是天彝盡禮今聞九歲兒三載絰廬無側孝誠如子最堪悲　孰非人子孰無親世上稀聞此行純況有稚兒能守塚高風百世更誰倫

ᄉᆞ람이 [illegible] 한 遷변
ᄀᆞ이리 永영 樂락 저긔
아ᄡᅵ 病뼝 옹야 大때 小ᄉᆞᆼ
便뼌 不블 通통 커ᄂᆞᆯ 廉렴
이 벼슬 ᄇᆞ리고 侍씨 病뼝
ᄒᆞ야 손소 분지 받내몰네
ᄒᆞ도록 그치디 아니ᄒᆞ야
大때 便뼌을 맛보아 ᄃᆞ쿠
지를 알오저 ᄒᆞ더리 아비
ᄯᅩ 브스럼 내엿거늘 醫외
원이 닐오[illegible] 거머리로
피ᄅᆞᆯ 잘이면 [illegible] ᄒᆞ리라 ᄒᆞ
거ᄂᆞᆯ 그제 [illegible] 야ᄒᆞᆫ 로 칩더
니 廉렴이 [illegible] 레가 울오어
드믈 [illegible] 어든 ᄯᅢ 怒 홀然
[illegible] 디두서 히 손 ᄉᆞ가

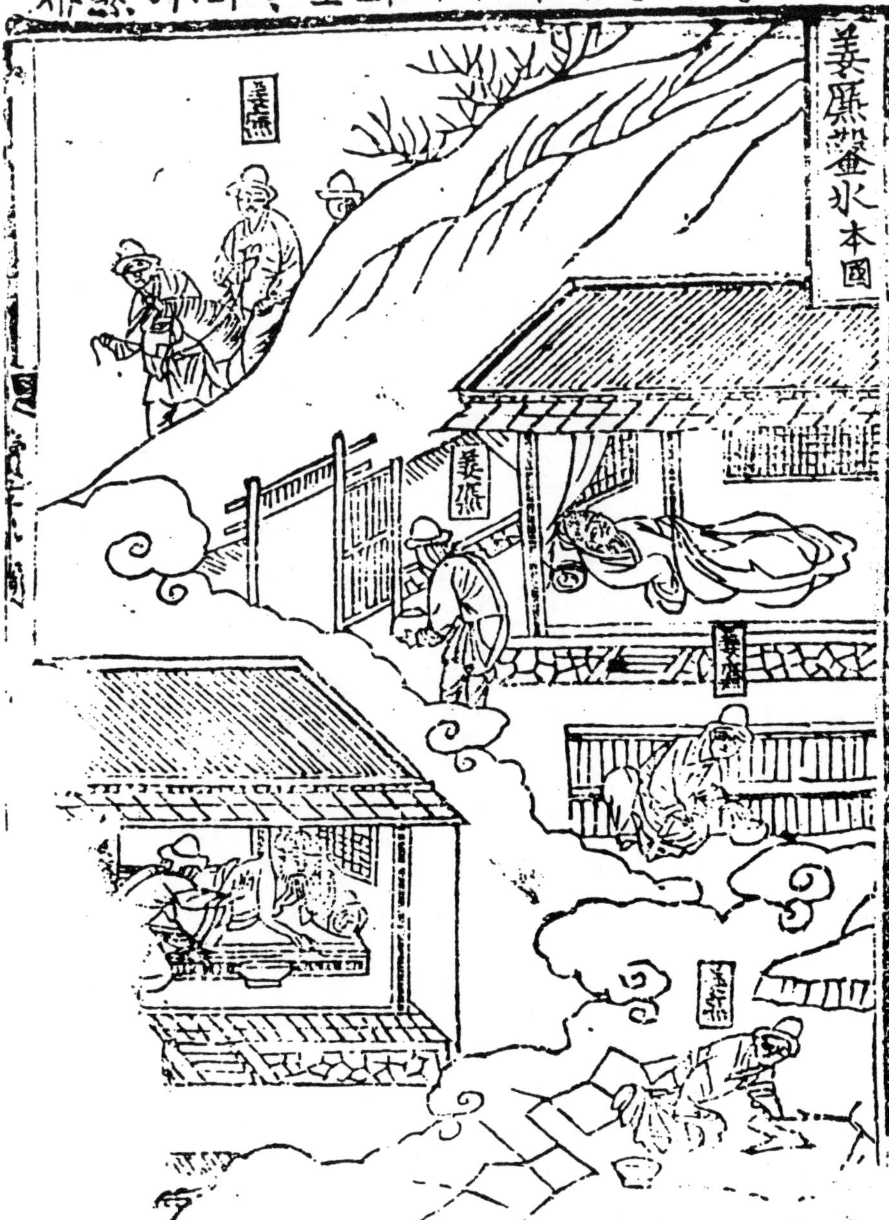

락애 ᄒᆞᆫ디 나거늘 가져다
가브ᄅᆞ믈 ᄲᆡ인대 아비
이 즉제 됴ᄒᆞ나 히 아
ᄉᆞ시도록 사니라 졍
방ᄂᆞᆯ 旌門 셰니라

姜廡安邊人。永樂中。父淮祖。嘗
手瘡涵渴。四年不輟。至嘗糞以驗吉凶。父
蛭吮血可治。時方寒沍。廡就淵上呼泣。鑿冰求之。忽有水
蛭數三。附手指而出。持以吮其癰。父病即愈。壽至九十五
歲。事聞。旌閭

【詩】休官手捧溲便器。甜苦安危㴱指知。自是爲親誠感
物。拈氷求蛭應如期　沍寒寧料氷開蛭。吮血收功父
病瘥。畢竟強康躋上壽。一生誠孝格皇天

金김德덕宗종이ᄂᆞᆫ 端단川쳔사ᄅᆞ미라 韓한山산원ᄒᆞ야셔 어버이ᄅᆞᆯ 아ᄎᆞᆷ나죄 몯보애라 ᄒᆞ야 벼슬ᄇᆞ리고 와孝효道도ᄅᆞᆯ 지그기ᄒᆞ더니 나히 여슌 ᄉᆞᆯ헤 어미 죽거ᄂᆞᆯ 三삼年년 侍시墓묘ᄒᆞ고 ᄒᆞᆯ재 ᄂᆞᆯ일 아ᄎᆞᆷ나죄 祭졔ᄒᆞ고 아비ᄅᆞᆯ 와 뵈요ᄃᆡ 비록 눈비와도 폐티 아니터라 脫탈喪상ᄋᆞᆯ고 아비 거ᄃᆞᆯ ᄇᆞ려 나디 아니ᄒᆞ며 니 莊장憲헌大대王왕이 아ᄅᆞᆷ다이 너기샤 수울고기와 米 주시니라 아비 죽거ᄂᆞᆯ 또 侍시墓묘ᄒᆞ야 술허여 우여ᄡᅥ 만ᄒᆞᆺ더니 그제 德덕宗종의 나히 늙ᄂᆞᆫ 喪히 어ᄂᆞᆯ 목숨히오되 늘거ᄉᆞ 喪샹禮례다이ᄒᆞ면 샹ᄒᆞ리라 ᄒᆞ야 말인대 德덕宗종이 올오ᄂᆞᆯ 오ᄃᆡ 아비란 ᄒᆞᆫ되 무덤고 ᄌᆞ시기 지 브텨 난히 이쇼ᄆᆞᆯ

ᄎᆞ마 ᄅᆞᆯ 애라ᄒᆞ더라 새배니
러의식무덤마피가을오脫탈ᄒᆞ
ᄒᆞ고도더욱슬코그려어
ᄋᆡ의샹네안썬ᄃᆡ를보와도恭
ᄒᆞ 경ᄒᆞ몯산적디티ᄒᆞ며또
치 時ᄯᅢ예아ᄎᆞᆷ나죄의식절
ᄒᆞ고 朔망 祭제와 薦쳔新
신ᄒᆞ쿨티아니ᄒᆞ며일잇거든
의 祠堂ᄋᆡ 告ᄒᆞᆫ後에야ᄒᆞ더라 죽
거ᄂᆞᆯ 두 아ᄃᆞᆯ 슬혀ᄒᆞ시고 무덤
의 碑 세시니라

金德崇。鎭川縣人。嘗事韓山郡。[illegible]
順色養。至誠無怠。年六十二。遭母喪。廬[illegible]
訖。必定省於父。雖雨雪不廢。[illegible]閱。不離父側。奉養彌篤。
莊憲大王。嘉其誠孝。 特賜酒肉米。父歿。又廬墓。哀毁骨
立。時年已七十二。鄕黨以衰年執喪。必至傷性。止之。德崇
泣曰。父瘞於野。子安於家。吾將不忍。晨興。必哭于墳前。至
於終喪。哀慕益切。見父母平昔之座。輒哽咽。敬之如在。又
於祠堂。晨夕必拜。朔望必祭。時物必薦。有事必告而後行。
及其歿。 命官其二子。立碑於墓。以旌之

[illegible] 晨昏念切棄官歸。色養平生志莫違。爲母居廬仍省
父。朝晡奠罷拜庭闈 父埋於野忍家居。七十遭喪又
守廬。哀慕終身情益切。墓前碑表聳州閭

生ᄉᆡᆼ員원韓한述ᄉᆞᆯ은廣광州쥬ㅣ사ᄅᆞ미라다ᄉᆞ서레아비죽고ᄌᆞ라셔어미죽거늘아비와ᄒᆞᆫ듸몯고여ᄉᆞᆺᄒᆡᄅᆞᆯ侍시墓모ᄒᆞ되祭제服복밧디아니ᄒᆞ며사오나온밥애ᄅᆞᆯ만마시고ᄂᆞ믈果과實실먹디아니코손오祭제奠뎐의차반ᄆᆡᆼᄀᆞᆯ며살ᄋᆞᆫ려말ᄒᆞᆯ제이내디아니ᄒᆞ야내내우러거상디내오ᄒᆞᆫ번도지븨가디아니ᄒᆞ니라正졍德덕저긔엳ᄌᆞᄫᆞᆫ대紅홍門문세니라

生員韓述。廣州人。五歲父歿。及長喪
年。不脫絰帶。疏食水飮。不食菜菓。躬執奠饌。
啓齒。泣血終喪。一不到家。正統中。事聞。旌閭

[詩] 五歲孫兒長益悲。前喪追稅後喪時。六年泣血居廬
者。千百人中儻有之 更堪扶柩合先塋。血淚三年一
倍并。菜果辟來過半紀。只將疏食取延生

正졍命명이ᄂᆞᆫ 昌챵平뼝 사ᄅᆞ미라 아비 거상ᄒᆞ야서 侍씨墓모 三삼年년ᄒᆞ야 ᄂᆞ믈와 果과實씰도 먹디 아니ᄒᆞ며 슬허호ᄆᆞᆯ 禮례예 너무ᄒᆞ더라 어미 오래 病뼝ᄒᆞ야 머리 벗디 몯ᄒᆞ니 니 하 므러 부려워 셜우커늘 正졍命명이 제 머리를 ᄯᅥ 어믜 머리예 대허 그 니를 올마오게 ᄒᆞ더라 ᄯᅩ 病뼝외 됴쿠지를 알오져ᄒᆞ야 大때便뼌을 맛보더니 죽거늘 侍씨墓모ᄒᆞ며 슬허호ᄆᆞᆯ 몬졋거ㅣ ᄀᆞ티ᄒᆞ더라

安正命昌平縣人嘗居父喪廬墓三年一
禮母病沉綿父廢梳櫛苦蝨繁癢悶正命欲
承接毋音以分其蝨又嘗糞以驗吉凶及歿守墓哀慕一
如前喪

一詩吾親遺體即吾軀疾痛初無彼此殊散髮爲分蝨
癢一[illegible]誠孝激頑夫 父亡哀慕爲居廬骨立三年衍
菓蔬母病人能嘗糞驗執喪悲瘁一如初

朴박延연守슈ᇰ는 靈령山산
간 사ᄅᆞ미라 나히 열네힌
제 아비 조차 뫼헤 가 나모
버히더니 아비
버미 믈여 가거늘 延
연守슈ㅣ 왼소ᄂᆞ로 아비
발 잡고 올ᄒᆞᆫ소ᄂᆞ로 낟
揮휘두루며 버믈 저리고 ᄆᆡᆼ
조차 ᄡᅵ미여 二ᅀᅵ 三삼 百
ᄇᆡᆨ步보ᄡᅳᆷ 나가 아비 免시
體톄를 이ᅀᅡ오나늘 景경
泰태 乙을亥ᄒᆡ예 紅홍門
몬 셰니라

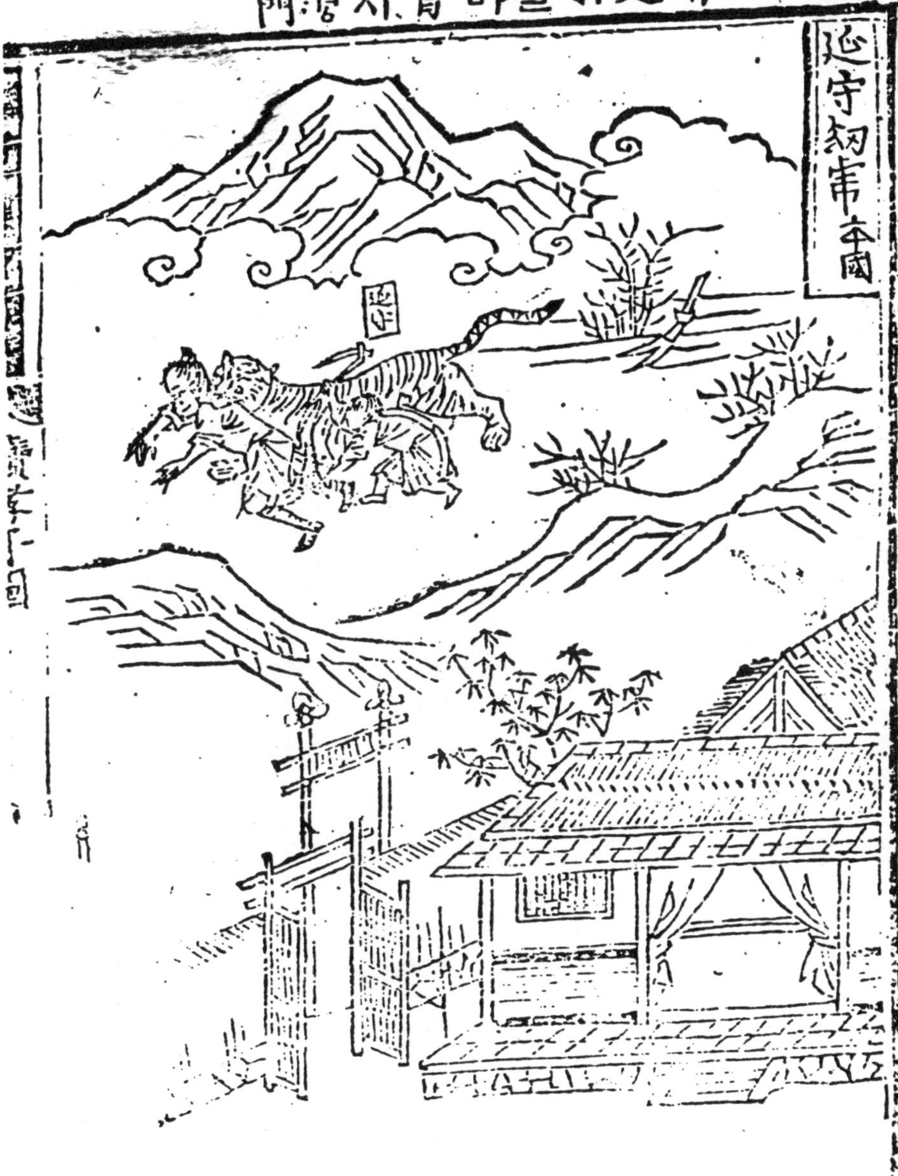

朴延守靈山人。年十四歲隨其父入山
為虎所攬。延守左手執父足。右手揮鎌刼虎
許。得父屍而還。景泰乙亥。旌表門閭

(詩) 驍年隨父入山深。叵耐於菟搶禍心。倉卒幾親[illegible]待
噬。誓將讐血灑平林 揮鎌追虎自忘生。猛獸猶知避
烈誠。畢竟得屍舁到室。鄉閭千古樹風聲

金김克큭一ᅙᅵᇙ은 金김
海ᄒᆡᆺ 사ᄅᆞ미라 性셩이 지
그기 효도ᄒᆞ더니 아비 뒤
ᄒᆞ야 보ᅀᆞᆷ 름알며 아바ᄋᆡ
ᄒᆞ야 大때便뼌을 맛보며
侍ᄊᆡ墓모ᄅᆞᆯ 여ᅀᆞᆺ ᄒᆡᄅᆞᆯ ᄒᆞ
니라 버미 무덤 겨틔 와 삿
기 ᄎᆞ거ᄂᆞᆯ 祭졔ᄅᆞᆯ 몬거습
주어 머고 되 짐즘싱 ᄃᆞ
시ᄒᆞ더라 아비 喪 쳔블 ᄒᆡ
잇거ᄂᆞᆯ 셩교되 아비 사라
이실 죽기티 ᄒᆞ더니 죽거
을 다 期긔年년 거상오니
야 天텬順쓘甲갑申신에
일ᄌᆞ 반ᄋᆞᆯ 紅홍門몬 셰니
라

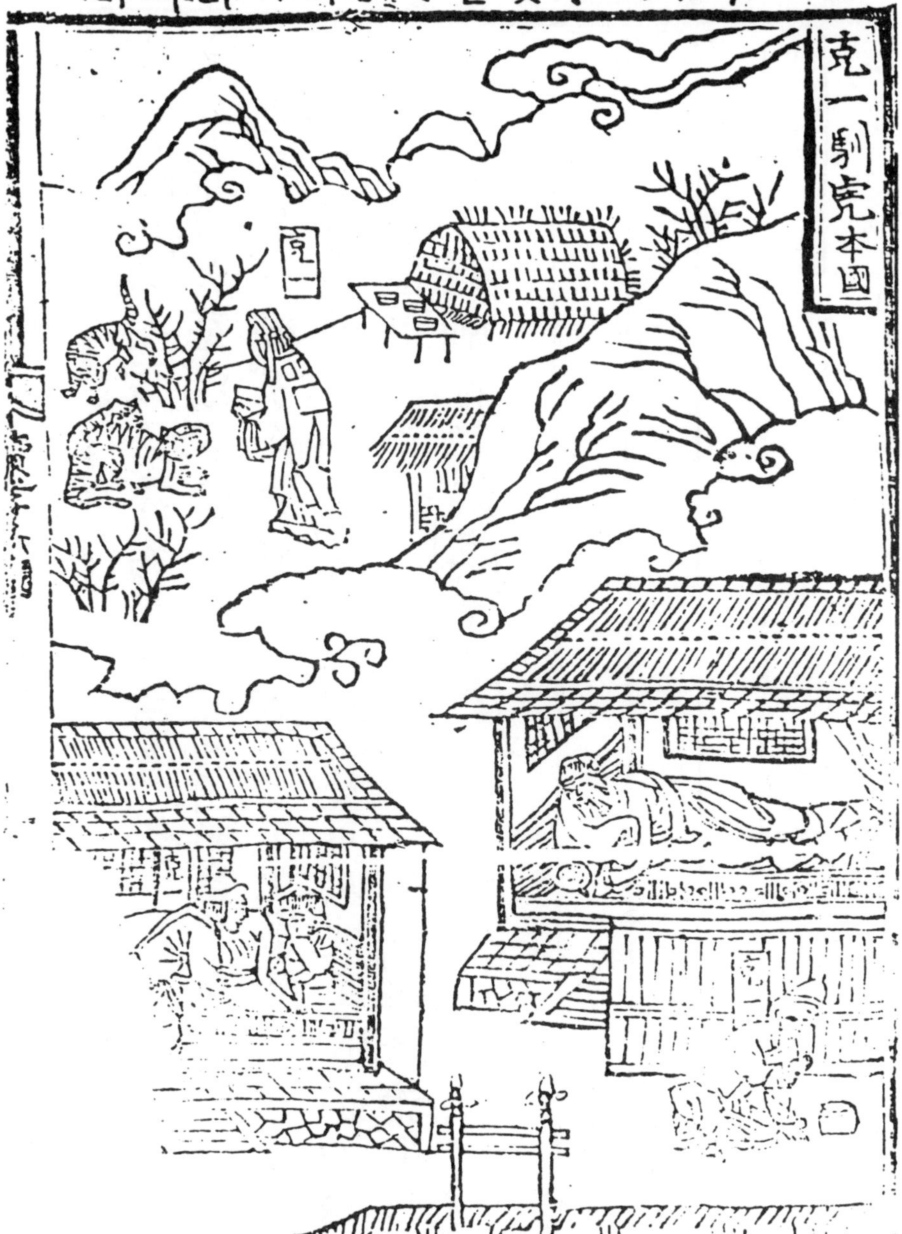

金克一。金海人。性至孝。為母吮疽。為父嘗

年。有虎乳於墓傍。取祭餘飼之。如養家畜。父有[illegible]

事之如父生時。及死。並服期年。天順甲申。事聞旌門

詩 六年廬墓孝心純。墓側終教乳虎馴。吮疽嘗糞神明

鑑。異類還能感至仁　愛父深情久不衰。推誠諸母服

喪期。天教馴虎彰純孝。萬古彝倫作範規

梁郁이 山산陰음 사ᄅᆞ미라 父뿌母모 위ᄒᆞ야 여ᄉᆞᆺ ᄒᆡ 侍씨墓모ᄒᆞ니라 흙과 돌ᄒᆞᆯ 지여 무덤 ᄆᆡᆼᄀᆞ더니 ᄒᆞᆫ 밤만 무덤 뒤헤 울에 ᄀᆞᄐᆞᆫ 소리 잇거늘 보니 큰 버미 ᄡᅡ홀 벋드듸고 큰 돌ᄒᆞᆯ 세흘 무덤서 ᄲᅢ구려오니 사ᄅᆞ미 호ᄃᆡ 孝효誠셩을 感감動동ᄒᆞ야 그려 타ᄒᆞ더라 열조반ᄂᆞᆫ 紅홍門몬 세오 벼슬 ᄒᆞ시니

梁郁。山陰人。為父母廬墓六年。嘗擔土負一
墓後。有聲如雷。見大虎攫地。轉三大石。至墓側
感所致。事聞。旌閭賞職

詩 擔土營墳最可哀。山中一夜響如雷。由來至孝多奇應。猛獸能移大石來

轉石傳奇古絕倫。於焉猶識孝誠純。光陰奄忽情何盡。前後居廬六過春

別뼗侍씨衛위黃황信신
之지ᄂᆞᆫ高공城셩사ᄅᆞ미
라孝ᄒᆞᇢ誠셩이지극더니
어미나히ᄂᆞᆯ곤아홉인제
病뼝이되야氣킈絶졇ᄒᆞ
거늘信신之지아나셔하
ᄂᆞᆯ브르고목숨을빈대사
ᄋᆞᆺ날재다시사라열ᄒᆞ히
재죽거늘送송葬장祭졔
ᄒᆞᆫ겨를精졍誠셩으로ᄒᆞ
야終즁身신토록솔허터
니엳조밤ᄂᆞᆯ두번벼슬ᄒᆡ
사되오디아니ᄒᆞ니라

別侍衛黃信之。高城人。孝誠純至。母年七十
信之抱持號天乞命。至三日乃甦。後十一年而歿
誠。哀慕終身。事聞。拜授官。不至

詩 慈母年深病不瘥。抱屍三日但號天。純誠默披蒼蒼
感。餘命還延十一年

母病號天死更生。自然純孝格
神明。盡誠喪祭終身慕。豈是區區為爵名

啓ᄂᆞᆫ 晉 ᄉᆡᆼ개
사ᄅᆞ미라 어버ᅀᅵ 거
올 니어 님ᄯᅩ ᄉᆞ하나 ᄒᆡ
를 ᄭᅳᆫ혀 ᄉᆞᆼᄒᆞ야 아ᄅᆞᆷ 회
씨 墓 ᄆᆞᆺᄒᆞ야 시ᄒᆞᆫ 빈
시 브오 디 아ᄅᆡ ᄒᆞ더니
ᄯᅢ 旌表門ᄋᆞᆯ ᄒᆡ니

金那啓星州人。連遭父母喪。又代祖父喪尸不到家。事聞旌閭

詩 連哭爺孃祖又亡。結廬墳側九星霜。終身不踏還家路。留得聲名萬古芳

一心純孝揭彝倫。至性應知出衆人。名徹九重蒙獎美。寵閭樹表赫千春

鄭뎡玉옥良량이ᄂᆞᆫ 三삼嘉가ㅣ 사ᄅᆞ미라 河하陽양縣현監감ᄒᆞ얏더니 셩이 지그기 孝효도도다 벼ᄉᆞᆯ 말오 本본鄕향ᄋᆡ 가 어미ᄅᆞᆯ 孝효養양ᄒᆞ더니 어미 주거늘 送송葬장이며 祭졔祀ᄉᆞᄅᆞᆯ [illegible]례다이 ᄒᆞ며 祠ᄉᆞ堂당애 아ᄎᆞᆷ나조ᄒᆡ 飯반茶다졔ᄒᆞ믈 ᄆᆞᄎᆞ도록 ᄒᆞ니 祠ᄉᆞ堂당겨틔 힌 大대棗조나모 닐곱 되 忽홀然연히 나거ᄂᆞᆯ 사ᄅᆞ미 닐오ᄃᆡ 孝효誠셩으로 그러타 ᄒᆞ더라

玉良白棗 本國

鄭安良。三嘉人。仕爲河陽縣監。性至孝。棄官
其母。母歿。葬祭以禮。家廟朝夕上食。終其身。廟傍忽生白
棗七株。人以爲孝感

詩 謝官歸郭母恩深。一事存亡罕古今。幾歲長勤朝夕
供。祠邊異木白森森　天公皂白太分明。廟樹應知感
至誠。生養死喪猶未足。饗飧沒世罄餘情

슈금之지ᄂᆞᆫ晉진沛ᄑᆡ鄕향ㅣ
百ᄇᆡᆨ姓셩외ᄯᆞ리라나ᄒᆡ
열흘힌제어미조차못바
ᄐᆡ가기슴미다가어미버
믜게자피여ᄂᆞᆯ슈금之지ᄲᅳ
ᄒᆞᆫ소ᄂᆞᆫ로어미잡고ᄒᆞᆫ소
고로호믜자바버믈티며
긔장ᄋᆞᆸ二지지고百ᄇᆡᆨ步
ᄲᅧ나가니버마부리고
니거늘주거늘지븨ᄀᆞ져
다가두고새도록아ᄂᆞ셔
울오오ᄉᆞᆯ프라棺관사무
드니라연ᄃᆞᆺᄒᆞᄂᆞᆯ旌表門
은혜니라

今之。晋州民女。年十二。從母往鋤山田。母為虎一手執母。一手執鋤。撲虎大呼。至百步許。虎乃去。收屍舁其家。徹夜抱哭。賣衣買棺而葬。事聞。旌閭

詩 暴虎曾聞古所危。女兒十二況能慈。一呼倉卒回獰惡。始信至誠天易知　禀得乾坤正氣全。盡於哀禮在髫年。憑茲可卜終身事。堪恨時無野史傳

뎐뎐漢한老론石셕城셩사ᄅᆞ미라나히이흔서ᄅᆡ아비즈최옴어더ᄂᆞᆯ漢한老로ㅣ大때便뼌ᄋᆞᆯ맛보더니죽거ᄂᆞᆯ三삼年년侍씨墓모ᄒᆞ고소곰이며一ᄂᆞᄆᆞᆯ먹디아니터라일세헤어미죽거ᄂᆞᆯ또그양오로ᄒᆞ더니엳조ᄇᆞᆫ벼슬히시니라

田漢老。石城人。年九歲。父得泄痢。漢老嘗糞。乃
年。不食鹽菜。十三歲母歿。亦如之。事聞。特授司男

詩 父兮嬰疾療無方。悶點兒誠取糞嘗。忽抱終天成毀
瘠。髫年廬墓更堪傷　除喪未幾又罹憂。前後居廬六
過秋。懿行正堪完孝理。授官應為激頑媮

[illegible]·리 祿록連련·이·ᄂᆞᆫ 居거
昌창 사ᄅᆞ·미·라 나·히 아·홉
서·레 아·비 모·딘 病뼝 어·더
·ᄂᆞᆯ 손ᄭᅡ·락·ᄋᆞᆯ 버·혀 藥·약·애
섯·거 머·기·니 病·뼝·이 됴·ᄒᆞ
니·라 ·엳ᄌᆞᄫᆞ·ᄂᆞᆯ 紅뽕門몬
세·니·랑

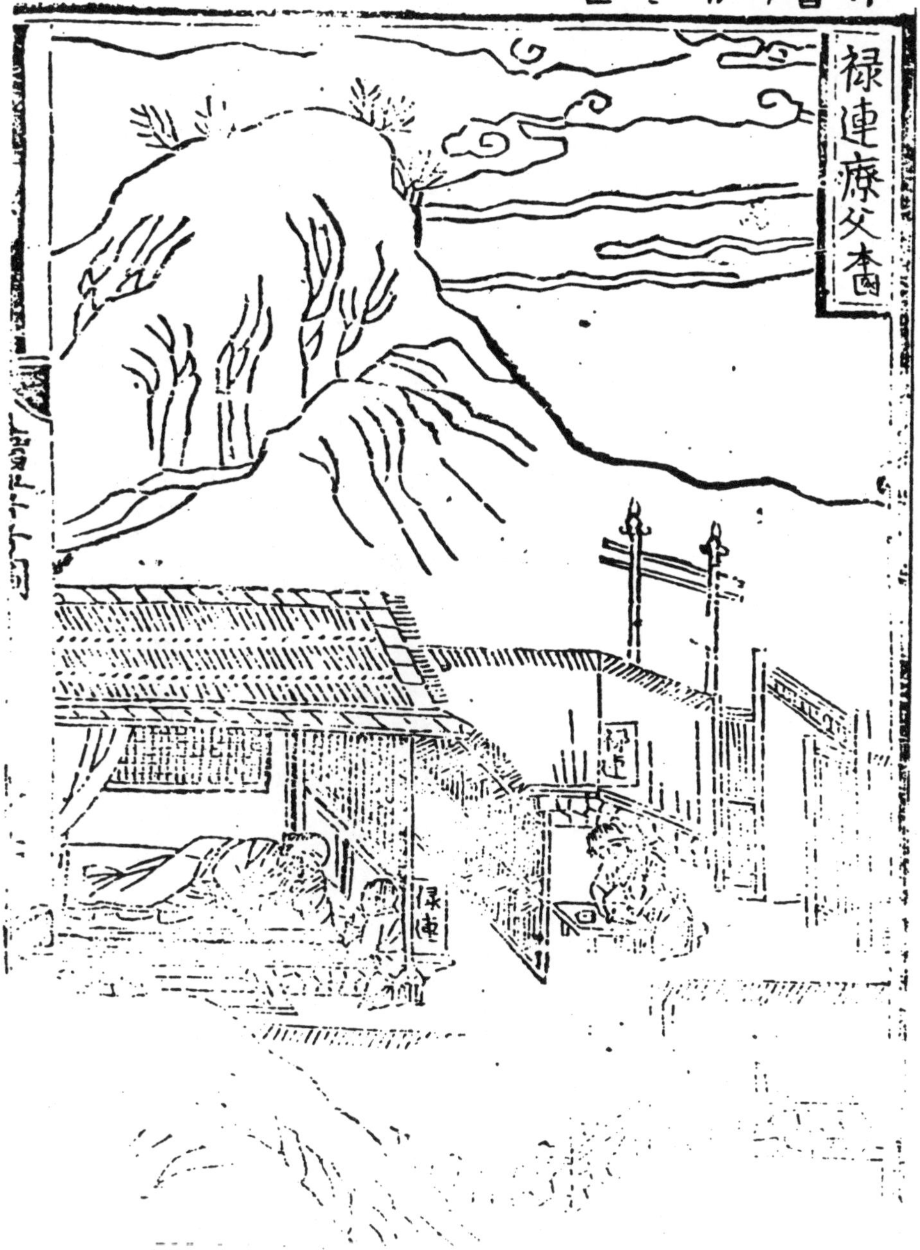

李祿連。居昌人。年九歲。父得惡疾。斷手指。和藥

事聞旌閭

[詩] 髫齔兒童未有知。父罹惡疾苦難醫。將刀割指和羹進。便覺沉痾忽爾離　雖云愛父是良知。幼有純誠即家奇。療疾莫言由藥力。神明應感九齡兒

金김乙ᄋᆞᆯ時씨ᄂᆞᆫ昌챵城
셩사ᄅᆞ미라城셩안해셔
블나제지비니어븓거늘
아비病뼝ᄒᆞ야니러나디
몯ᄒᆞ더니乙ᄋᆞᆯ時씨브레
ᄃᆞ라드러아비어버내다가
어ᅀᅵ아ᄃᆞ리브레다주그
니라멸조ᄇᆞᄅᆞᆯᄡᆞᆯ주시고
孝효門몬셰리라

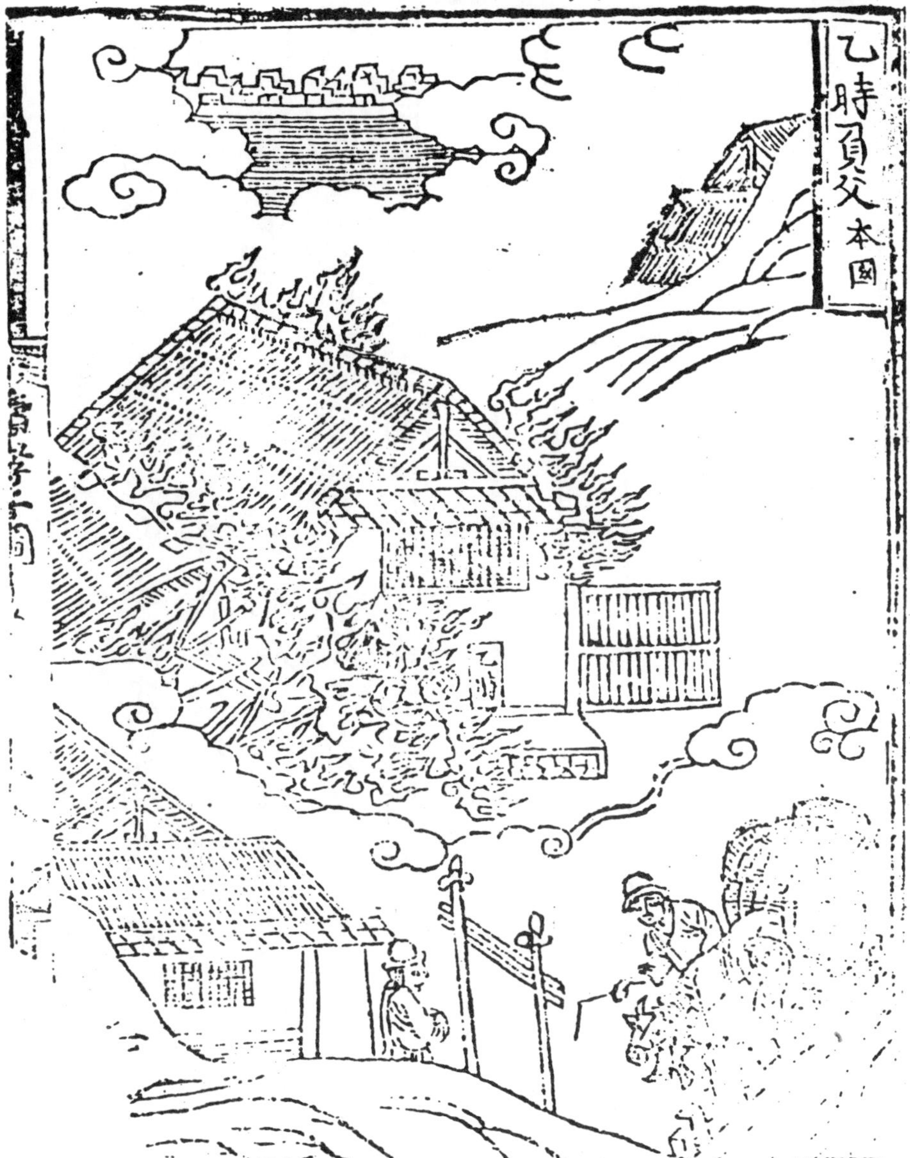

金乙時。昌城人。城中失火。延及其家。父病不能
入火焰中。負父而出。父子觸火俱死。事聞。賜粟旌閭

詩 祝融回祿遽流殃。父病倉皇未下床。直觸蕁攸扶負
出。力窮同斃事堪傷 烈焰人知不可干。天倫情至赴
無難。扶携父子甘同命。此事今從畫上看

朴팍云운이 昌챵寧녕
사ᄅᆞ미라 나히 열네히오
제 아ᅀᆞ 云운山산이ᄂᆞᆫ 나
히 여ᄃᆞᆲ이러니 제 아비 버
ᅀᅵ게 자피여 가거ᄂᆞᆯ 朴팍
云운이 쟈ᄀᆞᆫ 도ᄎᆡ 가지고
云운山산이 와 ᄇᆞᆯ와 설ᄒᆞ
나ᄆᆞᆫ 거ᄅᆞ미나 가며 하ᄂᆞᆯ
ᄇᆞᄅᆞ며 ᄒᆞ욘 대 비미 부려
ᄂᆞᆯ 朴팍云운이ᄂᆞᆫ 주검 지
고 云운山산이ᄂᆞᆫ 도ᄎᆡ 가
지고 미조차 오니 연ᄌᆞ방
놀 紅홍門몬 세니라

朴云昌寧人。年十四。其弟云山年八。其父爲害小斧。與云山追至三十餘步。呼天大哭。虎乃棄之。云昌以[illegible]云山執斧以隨。事聞旌閭

詩 郎罷着黄虎攙傷。兩兒呼叫逐奔忙。弟隨執斧兄持[illegible]負。死骨終能地下藏 大兒十四小才八。義氣堪居[illegible]蹄前力拒於菟收。父葬。懍然餘烈照青編

巴파用용이ᄂᆞᆫ 永영
同동 사ᄅᆞ미라 나히 열ᄒᆞᆫ
헤 어미 죽거늘 ᄒᆞᆰ 지며 돌
ᄌᆞᆸ 지여 무덤 ᄆᆡᆼᄀᆞᄃᆞ니 엳
ᄌᆞᄫᆞᆫ대 旌門ᄒᆞ시니라

全思用。并邑人。年十二。母歿。擔土石成墳。事聞。

詩 膝下孤兒仰母慈。母亡其奈葬如遺。子子兒身弱[illegible]土。至今聞者不勝悲　人生自有愛親心。擔土雖艱愛更深。闡風可使頑夫立。畫上新編照古今

金김龜귀孫손이 ᄉᆞ賤쳔人ᅀᅵᆫ이니 開ᄀᆡ城셩府부ᄶᅡ더니 져머셔 어미 주근 ᄃᆞ니 조라 슬ᄒᆞ 그려 神신主쥬ᄅᆞᆯ ᄆᆡᆼᄀᆞ라 두고 아ᄎᆞᆷ 나죄 祭졔ᄒᆞ더라 아비와 後어미 셤교ᄃᆡ ᄀᆞ장 孝효도ᄒᆞ더니 아바 죵그를 내여 ᄀᆞ장 ᄉᆞᆯ위커늘 龜귀孫손이 ᄉᆡᆼ니 됴ᄒᆞ니라 죽거늘 侍ᄊᆞ墓모ᄒᆞ며 ᄆᆞᆯ 알 마ᄎᆞᆷ 나죄 祭졔ᄒᆞᆫ 後후에 와 繼계母모ᄅᆞᆯ 뵈오 머글 거슬 편보고 侍씨墓모幕막 미도라 가더니 이리 ᄒᆞ믈 므삼年년 올 그ᄎᆡ 다 아니ᄒᆞ더

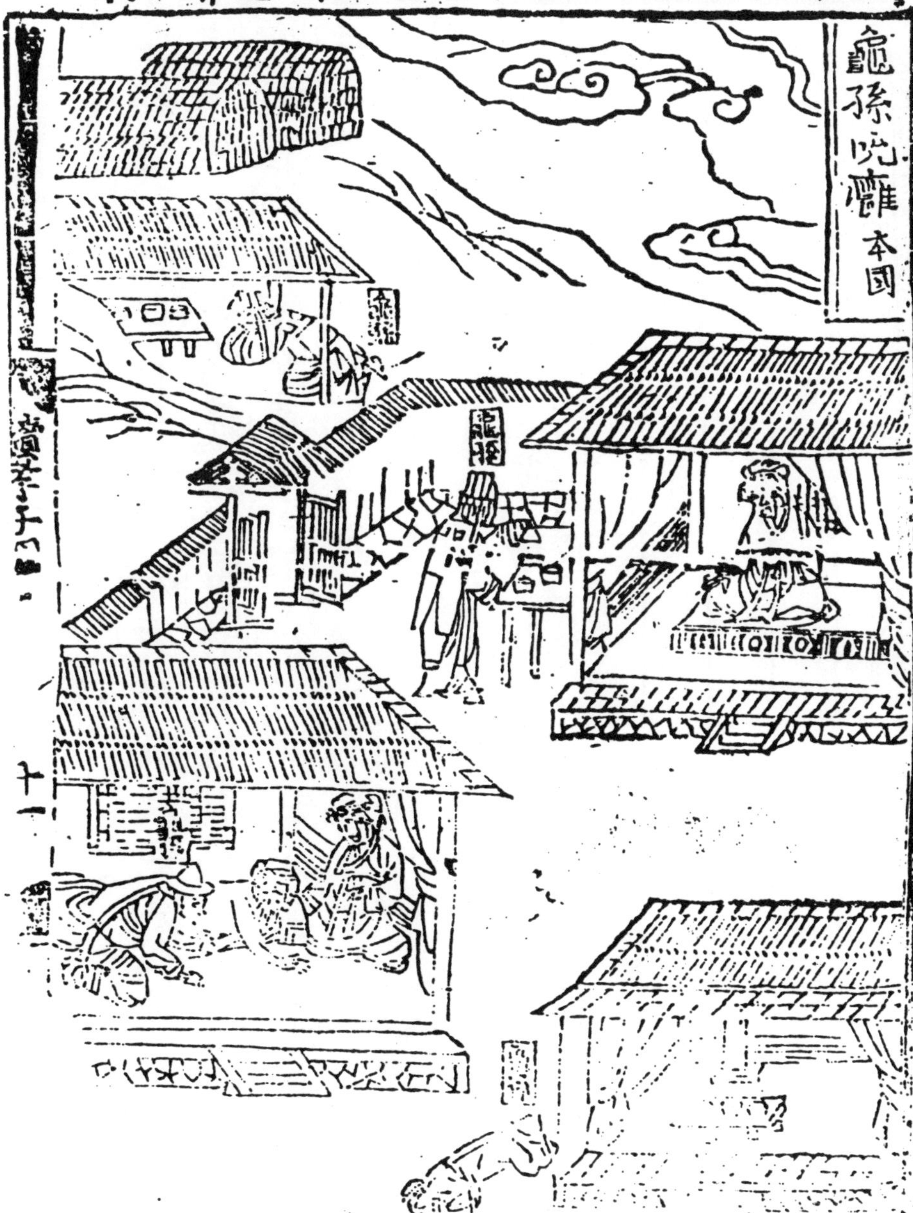

라 엳ᄌᆞᄫᆞᆫ대 旌門 셰
고 復戶ᄒᆞ시니라

金龜孫賤隷也。居開城府。幼失母。旣長。哀慕。作之事。父及後母盡孝。父病患腫甚苦。龜孫吮之。得愈。及歿廬於墓側。每朝夕奠祭。省繼母。審視饌具。還其廬。如是三年不輟。事聞。旌閭復戶

贊 覺與年俱念母悲。追哀作主奉所聽。吮癰醫父收奇效。賤隷如渠更有無 父歿居廬凝土喪養殆日上聞三霜。孝誠隨處淳無奠祭歸來省後孃

崔최叔슉咸함이는 稷직
山산사ᄅᆞ미라 咸함悅열
ᄶᅡ해 사더니 큰 時ᄊᆡ 病뼝
에 이믜 病뼝이 되어늘 비
ᄀᆡ와 영과 아ᅀᆞ돌ᄒᆞᆫ다 避
畊挺쳠나고 叔슉咸함이
호ᄡᅡ셔 侍씨病뼝ᄒᆞ며 여
ᄇᆡ 大때便뼌을 맛보니 ᄡᅳ
다나 果과然션 病뼝이 됴
ᄒᆞ니라 후에 어미 죽거늘
아비 子ᄌᆞ息식와 계 田뎐
地ᄃᆡ 奴노婢삐를 ᄂᆞᆫ호아
주려 ᄒᆞᆫ대 叔슉咸함이 ᄃᆞ
사모나온 받과 늘근 종을
제 모그내 오그나무니란
兄형弟뎨를 주대 모ᄉᆞᆯ 사

로미날오디녜庚유黔면
충흥과薛설邑읍이흥덕
을千천載지예올위더니
훈몬며ㅎ나하겹홀셔ᄒᆞ
ᄂᆞ니라

崔叔咸稷山人。歷咸悅。嘗大疫。母疾篤。父兄[illegible]
咸獨侍藥。嘗糞甜苦。母果愈。後母歿。父欲分與子女土
田臧獲。叔咸皆取磽薄老衰者。餘皆推與兄弟。鄉人稱之
曰。庾黔婁薛包之行。千載景仰。況一人兼之者乎

詩 自視吾身母所遺。忍因疫癘敢違離。致敬[illegible]
糞。精感神明病自醫。 純孝堪[illegible]更[illegible]
包廉。二人千載俱超卓。何况君身却兩兼

복閔슌文문이ᄂᆞᆫ全젼
계픔ㅣ사ᄅᆞᆷ이라父부母모
모의거상니버여ᄉᆞᆺᄒᆡᄅᆞᆯ
侍ᄉᆡ墓묘ᄒᆞ야슬허여위
여새모이셔病병ᄠᅳ러ᄯᅥ
나가膝탐嘗샹을고어버시
ᄌᆞ조ᄅᆞᆯ그려두고아ᄎᆞᆷ나
죄飯반祭졔ᄒᆞ야精졍誠
셩이지극ᄒᆞ야게ᄋᆞᆯ우미
업스니연조방ᄂᆞᆯ旌졍表
쟝ᄒᆞ시니라

卜閏文。全州人。居父母喪。前後廬墓六年。哀毁過
成疾。喪畢。圖父母形。朝夕上食。至誠無怠。事聞。表異

詩 茹哀毁瘠幾氣絶。六載居廬罄至誠。服闋未堪追慕
切。爲圖儀像巽惡成　永離怙恃泣旻天。肖立儼然疾
病纏。肖像朝晡供饍食。思親終始此心專

金김得득仁인은 東동萊래 사ᄅᆞ미라 나히 져머셔 아비 죽거늘 지비 艱간難난ᄒᆞ되 어미 孝효養양ᄒᆞ믈 지그기 ᄒᆞ더니 어미 죽거늘 侍씨墓묘 三삼年년ᄒᆞᆫ 後후에 아비를 더의 墳墓묘ㅅ 겨틔 遷쳔葬장ᄒᆞ고 ᄯᅩ 三삼年년 侍씨墓므ᄒᆞ니 대되 거상ᄋᆞᆯ 마흡 ᄒᆡᄅᆞᆯ ᄒᆞ니라 마초와 녀ᄅᆞᆷ 사오나와 盜ᄃᆞᆸ 산개예 놀히 ᄒᆞ더니 와 도죽ᄒᆞ다가 得득仁인의 侍씨墓므ᄋᆞ 幕막애 와 보고 그 誠셩孝효ᄅᆞᆯ 感감激격ᄒᆞ야 嘆

得仁感倭 本國

차嘆탄ᄒᆞ고관ᄋᆞᆫ에엿다
감머육과ᄡᆞᆯ와香향과가
져다가주더라 康강靖
졍太태ᄯᅢ왕朝됴애벼슬
이시니라

金得仁東萊縣人。幼年喪父。家貧養母至孝。母歿ᄒᆞ니
年。後遷其父墓于母塋。又居三年。前後居喪九年。值年饑
釜山浦倭奴。四散剽掠。猝至得仁廬。感其誠孝。嗟嘆而去。
後以海菜米香遺之。 康靖大王三年。特授豐儲倉副奉

詩

詩 喪父惸惸奉母親。慈顔見背奈誰因。仍遷舊塚同
葬。九載居廬備苦辛 海寇過廬遺米香。固應純孝服
頑強。聲名上徹宸旒聽。積善終然荷寵光

同동知디中듕樞츄府부河하
友우明명이 ᄂᆞᆫ 晉진州쥬ᇰ
ㅣ사ᄅᆞ미니 領령議의政
정 河하演연이 ᄃᆞ리라 仁
ᄇᆡ ᄭᅴ 쳔ᄀᆞ올 ᄯᅢ 蘇소來ᄅᆡ ᄒᆞ
山산미티 사더니 어미를
지고 길흘 ᄃᆞᆫ니다가 주거
늘 侍시墓모ᄒᆞ야 親친히
나모 지여 祭졔物믈 ᄆᆡᆼᄀᆞ
더니 거상 바ᄉᆞᆫ 후에 影영
堂당 짓고 ᄅᆞᆯ 읏 時ᄊᆡ 節졀
ᅢ시 어든 의식 몬져 祭졔
ᄒᆞ고 孝효誠셩이 지극ᄒᆞ
더라 본조 방ᄂᆞᆯ 紅홍門문
세오라 복호ᄒᆞ니라

河友明。晋州人。領議政演之子。居仁川府蘇來山李氏。至孝。及歿。廬墓。親負薪供祭。喪畢。造影堂。凡節必先薦。孝誠純篤。事聞旌閭復戶。官至同知中樞府事

詩 孝心純至早知名 母歿居廬若事生 門閥未應樂仕役。負薪但欲盡吾誠 服終追慕耿難忘 想像儀容立影堂。隨節薦新誠孝篤。至今青史永流芳

慶경延연이ᄂᆞᆫ 淸쳥州쥬ᇰ
사ᄅᆞ미라 性셩이 지극
孝효도ᄅᆞ외더니 아비 病뼝ᄒᆞ
야셔 ᄀᆞ장 치위예 生ᄉᆡᆼ鮮션
션을 먹고져 커늘 延연이
그믈 가져 ᄭᅩ므레 드러 鯉
리魚어 ᄃᆞ돌을 어더 머기니 대
病뼝이 됴ᄒᆞ니라 후에 兩
량親친이 주거늘 侍씨墓
묘를 여ᄉᆞᆺ ᄒᆡ를 호ᄃᆡ 祭졔
祀ᄉᆞᆯ 家가禮례다이 ᄒᆞ
며 겨집과 ᄒᆞ야 親친히 밍
ᄀᆞ라 祭졔ᄒᆞ더니 모ᄉᆞᆯ히
다 感감化화ᄒᆞ더라 康강
靖졍大대王왕이 드르시
고 驛역馬마로 블려 보시

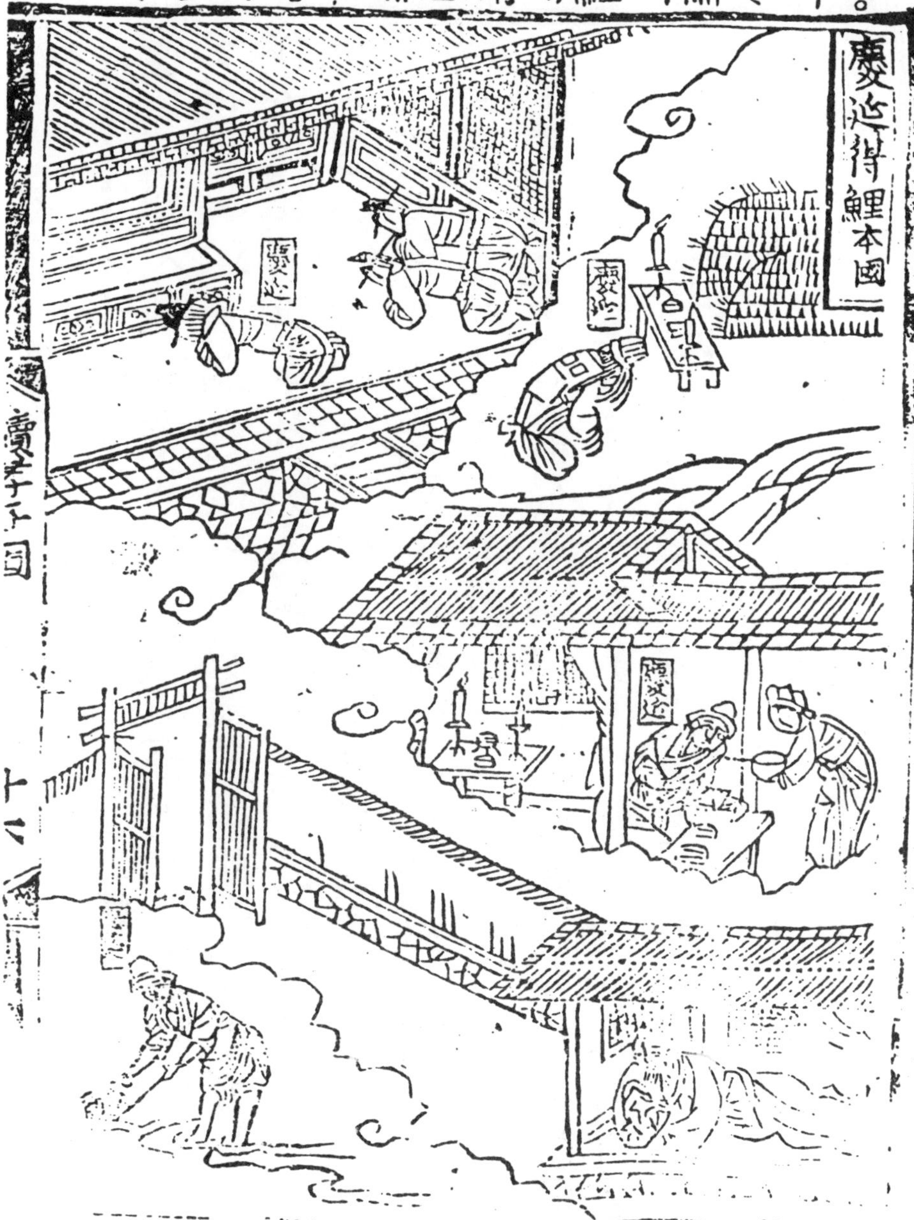

됴어디다ᄒᆞ샤곽벼리녜
加가貧빈ᄒᆞ여司ᄉᆞ宰ᄌᆡ
主쥬簿부ᄒᆞ이시다아니
ᄒᆞ오라尼니山산縣현監감
ᄒᆞ니鄕향吏리며百ᄇᆡᆨ姓셩
셩이저코ᄉᆞ랑ᄒᆞ더니죽
거늘ᄀᆞ올사ᄅᆞ미喪상事ᄉᆞ
ᄡᅳ애ᄡᅳᆯ거슬뫼화주워늘
겨지비닐오ᄃᆡ엇디내남
지ᄂᆞᆫ清쳥白ᄇᆡᆨ을더러이
로ᄒᆞ고다ᄇᆞᆮ디아니ᄒᆞ니
라

慶延淸州人。性至孝。其父有疾。隆寒思食鮮魚。延求。得二鯉以進。病愈。後二親殁。廬墓前後六年。奉祭祀。依家禮。與其妻手自割烹。隣里皆化。 康靖大王 驛召。引見於宣政殿。獎之。特陞四資。拜司宰監主簿。未幾出爲尼山縣監。吏民畏愛。及卒。邑人備葬需油蜜。以遺其妻。妻曰。何敢累吾夫淸德。皆不受

詩 王祥之後有斯人。凍綱連登兩錦鱗。六載居廬誠禮盡。一鄕歸厚自吾身。

九重召對寵無倫。百里仍紆黑綬新。死後絲毫終不受。一家淸德更夫人。

趙됴錦금이ᄂᆞᆫ 春츈益川쳔
富부昌챵驛역子ᄌᆞㅣ라
져믄제브터 어버이 셤교
믈 ᄀᆞ장 孝효도ᄒᆞ야 ᄂᆞ미 됴
ᄒᆞᆫ 飮음食식ᄲᅮᆷ어든 ᄆᆞ식
품어다가 이받더니 조라
ᄂᆞᆫ 명길이 어든 의식 모술
얼운ᄒᆞ야 다가 어버
의게 獻헌壽슈ᄒᆞ더라 아
비 나ᄒᆞᆫ닐흔ᄌᆞᆯ헤 죽거늘
錦금이 슬허ᄒᆞ믈 禮례예
너무ᄒᆞ더라 ᄆᆡ미 늘거 起
킈 ᄆᆞᆷ 거몬겨ᄅᆞᆯ 錦금이 겨
ᄐᆡ 나디 아니ᄒᆞ야 셔ᄢᅦ 드
ᄃᆡ 닐며 누미며ᄒᆞ고 親친
ᄒᆡ 飮음食식을 ᄆᆞᆼᄀᆞ로ᄃᆡ

모로 매 맛난 거시 잇게 ᄒᆞ더니 ᄒᆞᆫ 버ᄂᆞᆫ 獻헌壽슈ᄒᆞ려 ᄒᆞ니 마초와 사ᄉᆞ미 門문의 들어ᄅᆞᆯ 자바 ᄡᅳ니라 成셩化화ㅅ 저긔 紅홍門문 셰시고 復복戶호ᄒᆞ니라

趙錦。春川府富昌驛吏也。自幼。事親至孝。人遺異而獻之。及壯。節日必上壽。邀鄕黨父老以助歡。父年七十二而歿。錦哀毀過禮。母老不能起居。錦不離側。扶持起臥。親執饌具。必有甘旨。嘗欲上壽。忽有麕至門。獲以供之。成化十一年。旌門復戶

為供甘旨奉晨昏。節日開筵薦壽尊。一念自然能感物。門前有獸忽來奔

純孝終身慕未衰。從來誠感亦天知。蕎然野麕來投死。政是高堂上壽時

徐씨萬민이ᄂᆞᆫ宋목ᄭᅴ쳔
ᄉᆞ름ᄆᆞ라아비를셤교ᄃᆡ
그장효도ᄒᆞ미ᄅᆞᆯ초흘리
어든의식수울와차반장
만ᄒᆞ야이받더라아비病
ᄒᆞ얀어더시믓고기먹고져
ᄒᆞ니보아호로치운저기
어늘萬만미어름두드리
고하놀ᄭᅴ비니고기네히
ᄲᅱ여나거늘가져와머기
니病뼝이즉재됴ᄒᆞ니라
후에아비죽거늘三삼年
년侍씨墓모ᄒᆞ며손소祭
졔를ᄆᆡᆼ올오ᄒᆞ번도지븨
오디아니터라歲쇄時시花화
庚경子ᄌᆞ애엳ᄌᆞ방ᄋᆞᆯ벼

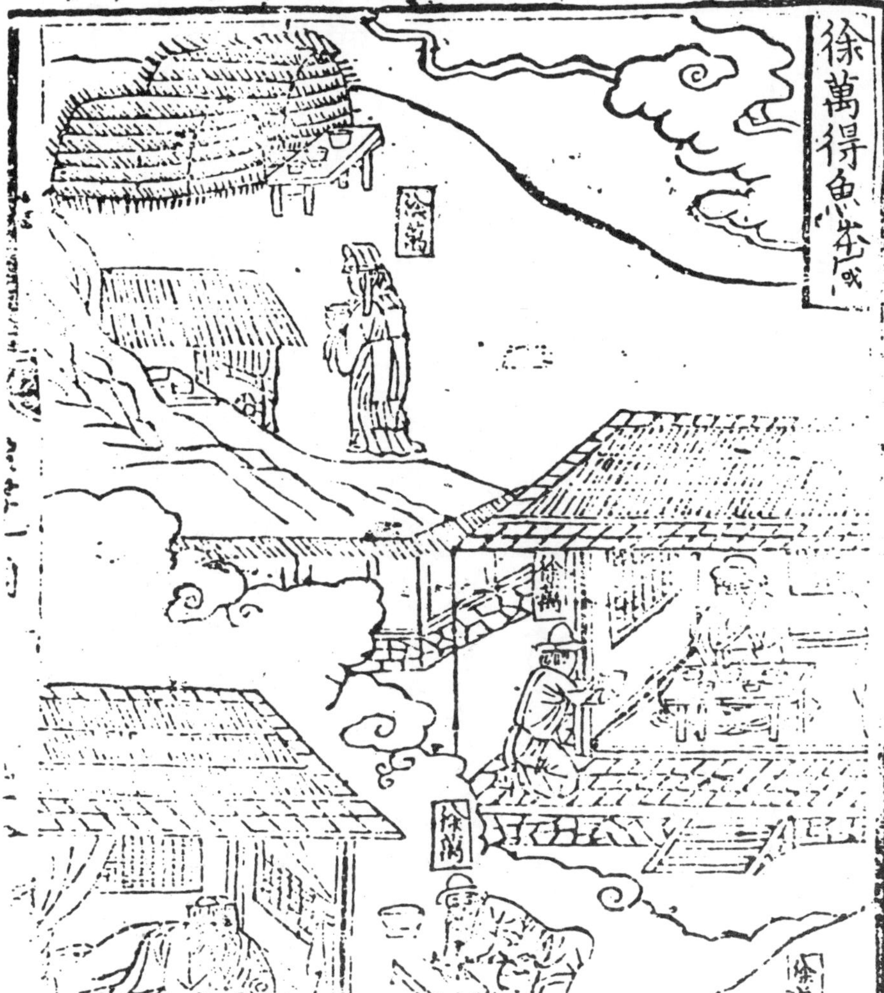

늘히시니라

徐萬。朮川人。事父至孝。月朔。必具酒饌以奉。父嘗食魚。時方寒沍。萬叩氷視天。有四魚躍出。持還以進。父病即愈。後父歿。廬墓三年。躬具奠饌。一不至家。成化庚子。事聞。命授官

詩

孝養何曾一日衰。微軀方寸有天知。叩氷忽有寒魚躍。父病寧須藥石治

生盡誠衷歿盡哀。居廬三載絕歸來。親調奠饌供朝夕。忽有除書到草萊

ᄋᆞ셩貞은 婁ㅅ 應ᅌᅳᆼ貞뎡
이ᄂᆞᆫ 中듕樞츄府부ㅅ 穀외
의아ᄃᆞ리라 나히 열닐구
계 어미 病뼝ᄒᆞ야 ᄃᆞ서ᄃᆞᆯ
고티마니코 아비 ᄯᅩ 腹복
疾질ᄒᆞ얏거ᄂᆞᆯ 應ᅌᅳᆼ貞뎡
이 미양 侍씨病뼝ᄒᆞ며 못
ᄂᆞ고 ᄠᅴ 밧디 마니ᄒᆞ야 새
도독 자디 아니코 大ᄯᅢ便
뼌을 맛보며 향ᄏᆡ오고 하
ᄂᆞᆯᄭᅴ 비로ᄃᆡ 갑새 죽거지
라 ᄒᆞ더라 아비 어미 니어
죽거늘 侍씨墓모 다ᄉᆞᆺ ᄒᆡ
ᄒᆞ고 수올와 果과ᄅᆞᆯ 아니
ᄒᆞ 소곰 먹디 아니ᄒᆞ고 너무
슬허ᄒᆞ야 막대 집고 사니

더나믄ᄌᆞ반ᄂᆞᆫ 旌門ᄒᆞ
세니라

生員姜應貞。晉州人。中樞毅之子。年十七。母遘疾。嬰痊。父又患痢。應貞常侍藥。衣不解帶。達曙不寐。取糞嘗之。焚香禱天。請以身代。及父母相繼而歿。廬墓凡五年。不食酒果塩菜。哀毀過禮。杖而後起。事聞。旌閭

詩 遑遑侍藥日焦煎。脅不霑床目不眠。稽首禱天天儻許。將身代父入黃泉。 雙親連逝可如何。五載山廬不到家。酒醬菜塩都不食。古來純孝孰能加

王왕從쭝孫손이 東동
萊ᄅᆡ鄕향 니 石셕根근의 아
ᄃᆞ리 ᄀᆞ니 히멸ᄒᆞ나 ᄒᆞᆫ 제
아비 모딘 病뼝 어더늘 제
손까락을 버ᄒᆞ야 개셔 거
머긘대 이빋 病뼝이 곧ᄒᆞ
니라 엳ᄌᆞ봄ᄂᆞᆫ 紅홍門문
ᄒᆞ오 免면役역ᄒᆞ니라

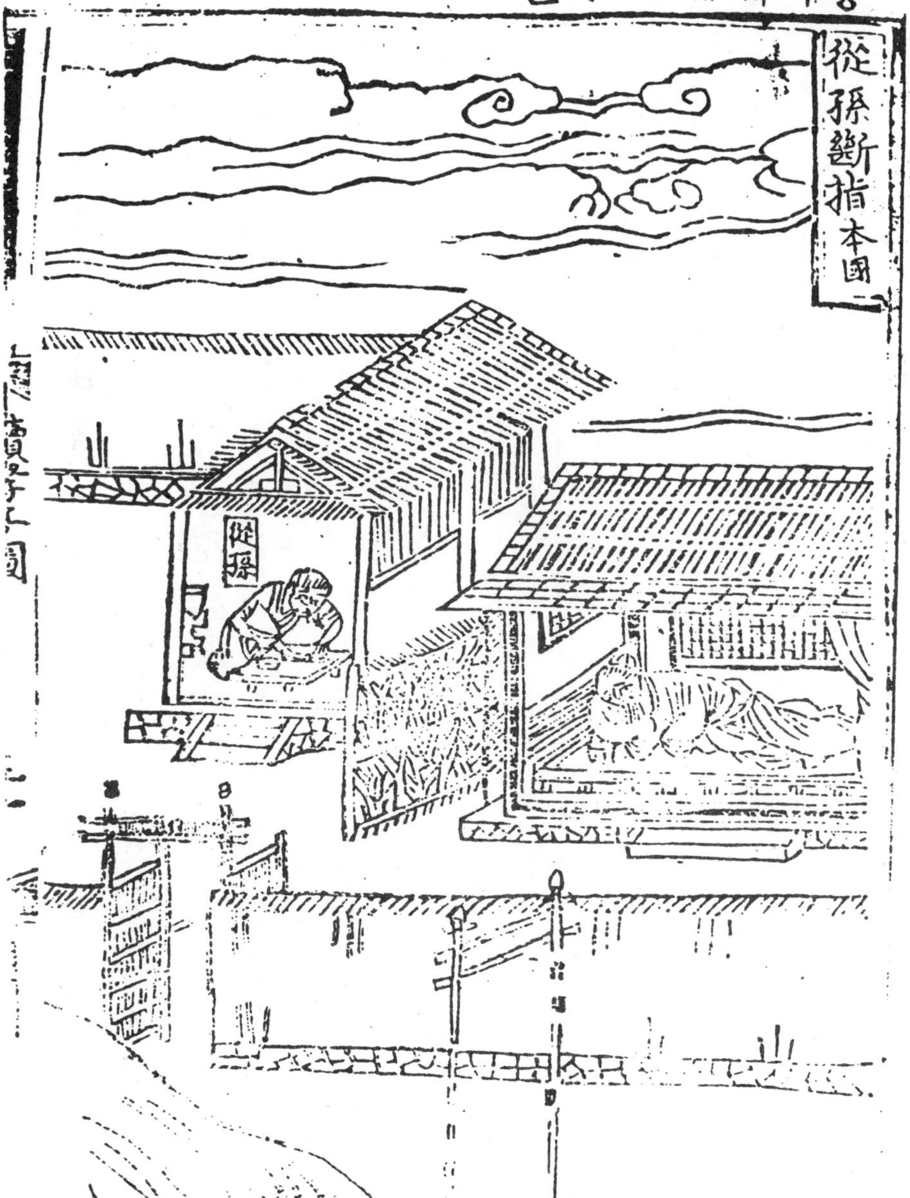

從孫斷指 本國

孝子圖 30a

玉從孫東萊縣吏石根之子。年十一，父得惡疾，自斲和藥以進，父疾乃療。事聞，旌閭免役

詩 斲指髫童孝性純。唯知有父不知身。誠感自能醫父疾。豈徒方藥驗如神

一指之傷痛豈堪。兒能自斷若心甘。誠深不恤兒身毀。世有忘親亦小慚

進진士ᄉᆞ 權권得득平평ᄂᆞᆫ 豐풍基긔 사ᄅᆞ미라 아ᄎᆞ미 눈몸 보거ᄂᆞᆯ 나뼈 졔미 장ᄲᅦ 들며 飮음食식을 외식 親친히 이받더니 어버이 두서 날ᄉᆞ이예 니서 죽거ᄂᆞᆯ 三삼年년 侍ᄉᆡ墓묘ᄒᆞ고 이미 위ᄒᆞ야 또 三삼年년 거상ᄒᆞ니라 祠ᄉᆞ堂당애 아ᄎᆞᆷ나죄 飯반祭졔ᄒᆞ며 나갈제 告곡ᄒᆞ고 도라와 뵈요ᄆᆞᆯ 산제 ᄀᆞ티 ᄒᆞ더라 弘ᄒᆞᆼ治티己긔未미예 녈不방닥 紅홍門몬 셰니라

進士權得平。豐基人。其父失明。出入常扶持。飲食必
父母數日連逝。居廬三年。爲母又服齊衰三年。家廟朝夕
上食。出告反面。如生時。弘治己未。事聞旌閭

詩 父喪其明痛莫醫。尋常出入輒扶持。平居食飲皆親
奉。猶恐斯須子職虧　旬日雙親疊見違。此生無路報
春暉。六載守廬心尚歉。朝晡家廟薦甘肥

孝ᄉᆞᆼ音ㅅ鄭뎡誠셩謹근
이ᄂᆞᆫ 晉진州쥬ㅣ 사ᄅᆞ미니 知
디中듕樞츄府부鄭뎡陜협의 아ᄃᆞ
리라 져머셔 及급第뎨ᄒᆞ야 節
졀介개잇고 本본브터 性셩이 지극
이 효도ᄒᆞ더니 父부母모ㅣ 죽
거늘 廬려墓묘ᄒᆞ야 ᄉᆞ다ᄒᆡ를 모侍
시墓묘ᄒᆞ야 슬허ᄒᆞ믈 禮례다
이ᄒᆞ야 아ᄎᆞᆷ나죄 祭졔物믈을
親친히 ᄒᆞ야 길블시시라도 ᄌᆞᆼ
ᄒᆞ더 아니ᄒᆞ더니 후에 병ᄒᆞ
야 비록 이리 겨를 업서도 이 양
ᄒᆞ다 塋영애 와 식 무덤의 가 뵈
ᄋᆞ 療료 病병ᄒᆞ며 親친히 그릇
치서 祭졔ᄒᆞᄂᆞ 侍시墓묘ᄒᆞᆯ 제
ᄒᆞᆫ 가지로 ᄒᆞ야 죽도록 게을어

아니ᄒᆞ더니또 康강靖졍大
王왕을위ᄒᆞ야心심喪상三
年년을ᄒᆞᆫ대사ᄅᆞ미닐오ᄃᆡ忠
튱과孝효ᄅᆞᆯ다ᄀᆞᆺ다ᄒᆞ더라燕
연山산甲갑子ᄌᆞ애燕연山산君
군이詭궤異이ᄒᆞᆫ힝뎍이라ᄒᆞ야주기시
고주기신대아ᄃᆞᆯ舟쥬臣신이
承승文문博박士ᄉᆞㅣ러니아
비罪죄업시주근주ᄅᆞᆯ설이너
겨가ᄉᆞᆷ두ᄃᆞ려울오飮음食식
아니머고주그니드ᄅᆞᆫ사ᄅᆞ미
다슬허ᄒᆞ더라 今금上샹이
즉位위ᄒᆞ샤誠셩謹근을追튜贈
ᄌᆞᆼᄒᆞ시고紅홍門문셰
니라

承旨鄭誠謹。晋州人。知中樞府事陟之子。少登第。有天性至孝。父母歿。合葬于廣州。廬墓終喪。哀毁盡禮。朝夕必親具奠饌。雖滌器之微。不委僮僕。後為官。雖務劇。每遇朔望。必詣墓省掃。親執饌供祭。一如在廬時。終身不怠。又為 康靖大王。心喪三年。人謂忠孝兩全。燕山甲子。以為詭行。殺之。子舟臣時為承文院博士。慟父非命。擗擗不食而死。聞者莫不傷痛。今 上即位。贈誠謹吏曹參判。旌其門

詩 親亡誠孝久彌敦。又竭心喪答 主恩。天禍善良同殄瘁。斯人未免一何冤
遺孫痛父顚若玄。不惜捐生報所天。萬古綱常懸日月。幾人忠孝一家傳

白華[illegible]殷은山

신사ᄅᆞᆷ이라져믄제브터

어버일효도ᄒᆞ야아ᄎᆞᆷ나

죄ᄇᆡ은安한을게을이아

니ᄒᆞᆫ이親친히밥지ᅀᅥ이

비ᄃᆞ며餅ᄡᅵ節졀ᄀᆞ겨어더

ᄂᆞᆫ외식이받더니아비죽

거늘슬허홈을禮례예너

무ᄒᆞ야거상을ᄆᆞ초록죽머

그며어미죽거도또그리

터라康강靖졍大대王왕

상國국喪상애三삼年년

거상ᄒᆞ며門문닫고나디

아니ᄒᆞ며수울먹디아니

ᄒᆞ며소곰장ᄂᆞᆯ果과實

ᄒᆞ먹디아니터라燕연山

十三

산翔흥쳐서믜 벼슬ᄒᆞ이고紅흥門몬세옛더니甲갑子ᄌᆞ年년에說셜異이은誠셩덕이라ᄒᆞ야주규려셔주거늘다딤두리님금의ᄒᆞ야거상ᄒᆞ미몰홈ᄂᆞ새보려ᄒᆞᆫ주리아니라님금과아비와ᄒᆞᆫ가진가너겨ᄒᆞ라ᄒᆞ고從죵容용히주그늘모다슬허ᄒᆞ더라

李自華。殷山人。自少事親孝。定省不懈。朝夕必[illegible]每遇時羞。必獻。父歿。哀毀過禮。啜粥終喪。母歿。亦如之。康靖大王。服喪三年。閉門不出。不飮酒。不食塩醬菜菓蔬山初。賞職旌門。至甲子。以詭行捕鞫。將戮之。自華供曰。爲君服喪。非爲要名。妄料君父一體耳。遂從容就死。國人莫不傷痛

詩 事親終始竭心誠。况服君喪出至情。俯仰人天無愧怍。枉遭凶禍亦爲榮 誰言忠孝兩全難。能以君親一體看。已盡爲臣爲子道。高名千載重於山

교졍兵병羅라有유文문은
아ㅣ난冊단城셩사ᄅᆞ미라
燕현山산처긔어미죽거
늘그제短단喪상올法법
이嚴엄嚴업ᄒᆞ니사ᄅᆞ미
거스디몯거늘有유文문
이호ᅀᅡ거상ᄋᆞᆯ禮례로ᄀ
장삼가ᄒᆞ더니ᄆᆞᅀᆞᆳ아ᅀᆞᆷ
돌히다닐오ᄃᆡ꼿지禍홰
ㅣ그지업스리라ᄒᆞ고脫
탈喪상ᄒᆞ란勸권ᄒᆞᆫ대有
유文문이내좃디아
니ᄒᆞ고ᄉᆞᆯ히여위여病뼝
드럿더니주를저기집
더브러닐오ᄃᆡ어믜三삼
年년祭제를내사라이실

적ᄀᆞ티ᄒᆞ야 아ᄌᆞᆷ나죄게
슬이 말오 ᄯᅩ 나ᄅᆞᆯ 어믜 무
덤 겨틔 무드라 ᄒᆞᆫ대 제
겨집 李리氏씨 닐온대로 ᄒᆞ
야 어미와 남진의 墳분土
토에 親친히 祭졔ᄒᆞ믈 비
록 눈비와도 폐티 아니ᄒᆞ
니라

正兵羅有文。州城人。燕山末。母死。時短喪法嚴。人不

有文獨守喪執禮謹。鄕中親戚。皆言禍且不測。勸脫喪衣

文竟不從。因哀毁感疾。臨死。語妻曰。三年祭母。如我生時

朝夕無怠。且葬我於母墳之側。其妻李氏。如其言。親祭母

及夫墳。雖雨雪不廢

詩 短喪嚴法世無違。特立斯人古亦稀。持服纍然哀毁

死。秉彝何幸在寒微 臨終一語托家人。母子期將地

下親。躬奠不緣風雪廢。至誠夫婦兩無倫

金김叔숙孫손이ᄂᆞᆫ 信신
川쳔 ᄉᆞᄅᆞ미라 아비의 蒙
몽喪상애 다 侍시墓모ᄅᆞᆯ
三삼年년곰 ᄒᆞ고 脫탈喪
상ᄒᆞ야도 소곰 쟝 먹디 아
니ᄒᆞ더니 무덤 겨틔 祠ᄉᆞ
堂당 ᄆᆡᆼᄀᆞ라 두고 아ᄎᆞᆷ나
죄 飯반祭제ᄒᆞ몰 산 적ᄀ
티 ᄒᆞ야 나ᄒᆞ여 ᄃᆞ니남도
ᄯᅩ 죠고마도 게을이 아니
ᄒᆞ니 엳ᄌᆞ 비논 紅홍門문
세니라

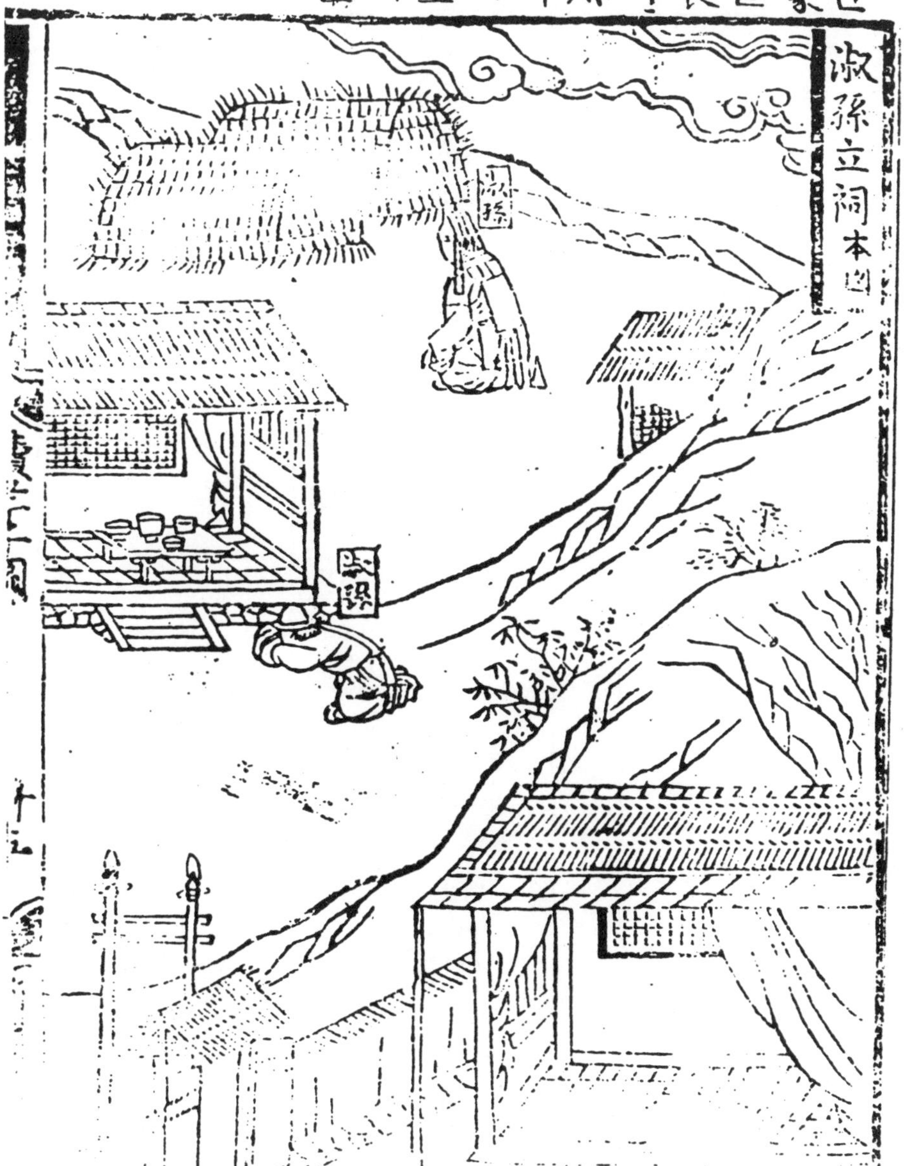

金淑孫信川人。父母喪皆廬墓三年。服闋。猶不食鹽醬祠墓側。朝夕上食。一如生時。年過八十。未嘗小懈。事聞旌閭

詩 弃罹憂制闋還悲。擩飯無鹽更自持。因廬立廟勤香火。日奉饔飧八秩奇 立祠塋域是居廬。俯就常情每有餘。直過八旬生事死。當時國論已旌閭

繼계周쥬ᄂᆞᆫ 安안岳악
ᄉᆞ시ᄅᆞᆷ미라 져머셔 아비
ᄒᆞ거늘 어미를 孝효도ᄒᆞ야
나갈제 告고ᄒᆞ고 도라와
뵈며 날제 잘제와 더움 치
움애 편보와 죠고마도 게
을이 아니터니 어미 죽거
늘 三삼年년 侍시墓묘ᄒᆞ
고 脫탈喪상ᄒᆞ고 또 아비
위ᄒᆞ야 을려 三삼年년을
니브니라 상녜 ᄉᆞ명실이
며 時시씨享향ᄒᆞ고 ᄀᆞ 祫협祭
제ᄒᆞᆯ 제의 ᄉᆞ올오 孝효誠
셩이 늙도록 더욱 지극더
라 현조ᄒᆞ야 ᄂᆞᆫ 버슬 ᄒᆞ시고
旌졍門문ᄒᆞ니라

鄭繼周安岳人少喪父事母孝出告反面定省溫凊不
懈及母歿廬墓三年又爲父追服二年俗節四時忌日祭
必哭泣誠孝至老彌篤事聞 命授禮賓寺參奉旌其門

詩 稚年父逝痛難追事母終身罄孝思溫凊更能勤定
省至誠終老擬恩慈 齊衰三載侍幽堂追服踰[illegible]又
二祥泣血處誠供祀事旌閭褒爵永流芳

續三綱行實忠臣圖目録

續三綱行實忠臣圖目錄

孫손炎염이ᄂᆞᆫ 句구容용
사ᄅᆞ미라 그ᄅᆞᆯ 너비 알오
의론ᄋᆞᆯ 잘ᄒᆞ더니 大대明
명적 처ᅀᅥ [illegible] 혼 되어든
사ᄅᆞᆷ ᄲᅥ 큰 이ᄅᆞᆯ 일오쇼
셔 ᄒᆞ더라 浙졀東동 ᄯᅡ
ᄒᆞᆫ 사ᄒᆞ매 조차가 유공ᄒᆞ야
ᄅᆞᆯ 處쳐州쥬ㅣ 다 摠총制
졔랏 벼슬ᄒᆡ엿더니 도ᄌᆞ
기게 자피여 ᄒᆞᆯ랴 겁박
ᄒᆞ거ᄂᆞᆯ 炎염이 고장 ᄭᅮ짓
고 항티 아니커늘 도ᄌᆞ기
ᄂᆞᆫ ᄒᆞ야 갈ᄲᅡ야 옷 바ᄉᆞ라
ᄭᅮ지ᄌᆞᄃᆡ 炎염이 블오ᄃᆡ
이오 손 天텬子ᄌᆞㅣ 주신
거시라 밧디 몯ᄒᆞ리라 ᄒᆞ

쇼뎡ᄉᆞ 그게 조짓글 丹단
양ᄉᆡᆼ 싸다 諸졔侯후를 封봉
ᄒᆞ시다

孫炎句容人博學善辨論大明初徵請延攬英才以
業從征浙東以功授處州總制爲賊所執脅使降炎不屈
不屈賊怒拔刀叱解衣炎目眦紫綺裘君所賜不可脫遂
遇害追封丹陽男

詩 伏鉞堂堂鎭處州精忠向賊肯低頭欲知不負君恩
重看取留身紫綺裘 罵賊甘心自殺身偷生降敵是
何人歲寒高節宜追奬封爵丹陽寵渥新

先션이ᄂᆞᆫ 湘샹陰음
ᄉᆞᄅᆞ미라 永영樂락 적셔
셔ᄃᆡ 交교阯지ㅅ 사다 按안察찰
찰使ᄉᆞㅣ랏 벼슬ᄒᆞ얏더
니 交교阯지ㅅ 지ᄒᆞ야 도ᄌᆞ
ㅣ 셩을 티거늘 先션이 ᄇᆞᄅᆞ
ᄂᆞᆯ와다 도ᄅᆞ혀디 아니ᄒᆞ
ᄒᆞ야 셩을 구디 딕킈엿다니
나 량시기 업거늘 잡사ᄅᆞᆷ
ᄋᆞ다호ᄢᅵ 주그니라 열ᄌᆞ
ᄒᆞᆫ ᄂᆞᆯ 관원 보내여 제ᄒᆞ시
고 參참政졍 ᄋᆞᆯ 追튜贈
증ᄒᆞ시다

易先。湘陰人。永樂初。由大學生高第。選授交趾諒山
進交趾按察使。仍治諒山。宣德初。交趾叛賊攻城。先曰志
不回。嬰城固守。糧盡。闔家同死。事聞。遣官諭祭。追贈廣西
右參政

[詩] 孤城薄賊竟難全。壯志猶能守益堅。食盡舉家同日
死。秪今義烈映秋天　許國丹心獨自持。阽危無計更
能支。但知臨難全臣節。豈料重泉寵錫隨

何하忠튱은 江강陵릉
사ᄅᆞ미라 永영樂락 저긔
급뎨ᄒᆞ야 監감察찰御어
史ᄉᆞㅣ랏 녀슬ᄒᆞ엿더니
建건文문이디리ᄒᆞ기늘 交
趾지 짜 知디 州쥬ㅣ랏
벼스를 도도ᄒᆞ히이신대
ᄀᆞ덩 곤길 왜혜 도로 송샹
ᄒᆞ니 빅셩이 하욕ᄒᆞ야 奚
너라 交곰 짜 죄한 귀늘 忠
튱이 에우엣더니 장ᄎᆞ 날
도ᄃᆡ 忠튱이 지죄며 디뫼
옷고 담대타ᄒᆞ야 나라히
표ᄉᆞ 청ᄒᆞ라 브려늘 忠튱
이 셩으로 너머 나다가 두
ᄌᆞ긔게 자펴 ᄉᆞ짓고 한디

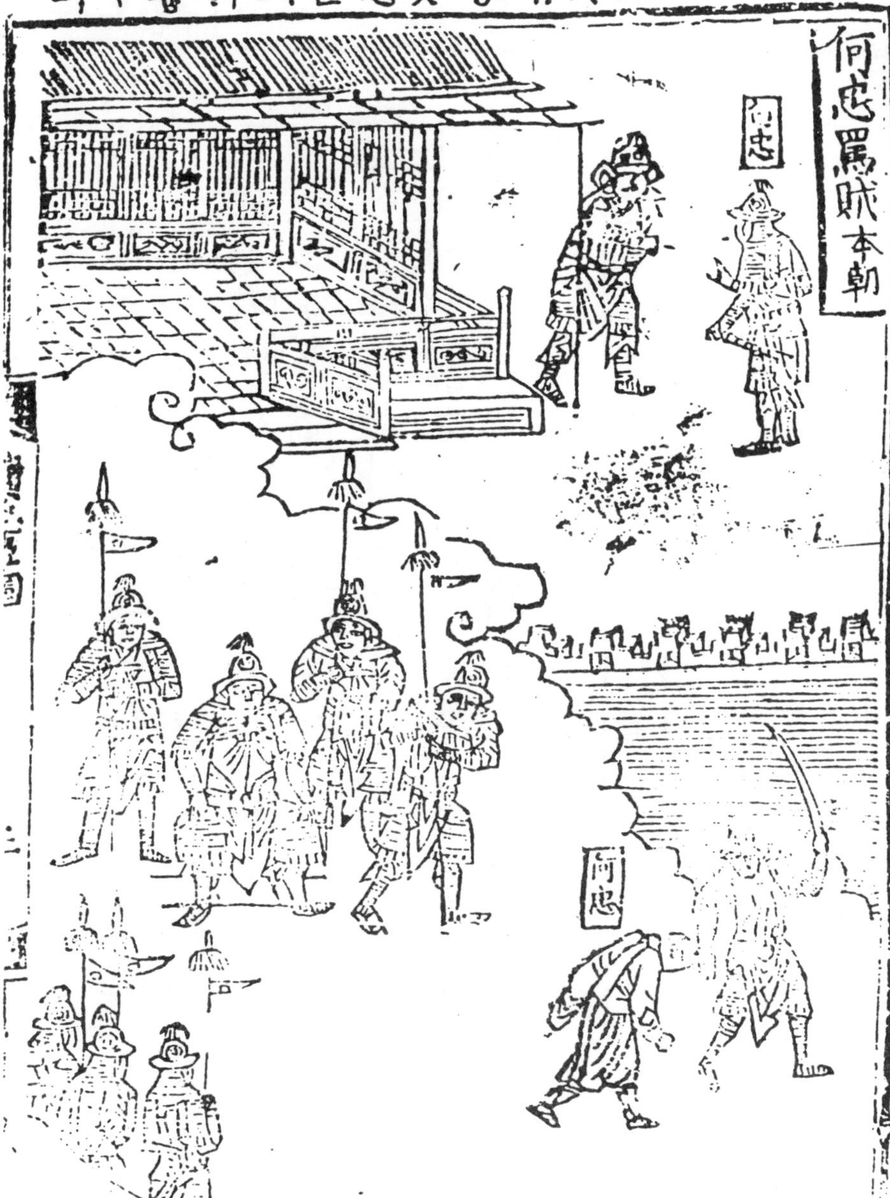

가니ᄒᆞ야주거ᄂᆞᆯ [illegible]
[illegible]旌門ᄒᆞ고 諡ᄅᆞᆯ
[illegible]忠節이라ᄒᆞ니

何忠。江陵人。求樂間中進士。拜監察御史讜言正色。陞交趾政平知州專尙德禮。夷民懷服交趾叛。忠在圍中。潛[illegible]六臣。謂忠有才智膽略。使乞師於朝忠縋城出。遇伏被執罵賊不屈死事聞旌門謚忠節

詩 死節當求敢諫中。心專許國險夷同治州更見民懷德。還賊終能不失忠

蒼黃當日在圍中。膽略推君獨擅雄縋出乞師身被執。臨危罵賊景卿同

…이 金금 …
미라 丁뎡亥ᄒᆡ年년에 李
리 ᄒᆞ시 愛ᄋᆡ 이제 아ᅀᆞ 施시 合합
이ᄃᆞ리 와 ᄒᆞ야 以이開개 ᄌᆞᆼ을 가지
工공 反반 ᄒᆞ거ᄂᆞᆯ 云운革혁이 鄭뎡
城셩君군 軍군官관으로 ᄯᅴ라
조차 가더니 鍾죵城셩 사ᄅᆞᆷ 鄭
뎡休휴明명이 ᄀᆞᆺ 사ᄅᆞᆷ
… 金금紏규와 鏡경城셩 사ᄅᆞᆷ 朴
판成셩豪호 ᄌᆞᆼ ᄆᆞᄅᆞ로 ᄃᆞ토아 ᄀᆞ니
러 ᄀᆞ외 며 올ᄒᆞᆫ 조ᄎᆞᆯ 배여니
르고 施시 合합이와 이 ᅀᆞ 施시
ᄉᆡᆼ이 이ᄅᆞᆯ 자바 미여 보내더니
길헤 외 재 녀 사ᄅᆞ 마 아사 ᄃᆞ러
가니라 云운革혁이 ᄯᅩ 休휴明명
뎡이와 ᄒᆞ야 鍾죵城셩 會회寧녕
녕군 소ᄃᆞ리 고 寧녕 마 좁은 領령
음 다 가 이 시 대 ᄒᆞ 시 發발 ᄒᆞ미 일 로

나오디몯ᄒᆞ더라마
崔孫손이叛반ᄒᆞ야
施시愛의게븓거늘云운革
이施시愛의게자피여休휴明
明명과糾규와成셩章쟝이와
로다端단川쳔獄옥애셔주그
니라後후에주거를어드니다갈
ᄒᆞᆯ벗기디아니ᄒᆞ고머리ᄅᆞᆯ다
스텨잇더라나라히셔云운革
혁이를功공臣신ᄒᆞ이시고녀
ᄂᆞ자리ᄅᆞᄒᆞ란다堂당上샹官관追튜贈
ᄒᆞ시니다

車云革。會寧人。成化丁亥。李施愛與其弟施合。據吉州以叛。 惠莊大王。命龜城君浚。討之。云革以軍官從。與城人鄭休明。富寧人曺糾。鏡城人朴成章。入賊中。說諭逆順。執施合。及其弟施伯。縛送官軍中路。為其黨共解。脫去。云革又與休明。率鍾城會寧兵。截摩雲嶺。賊軍歸義者。絡繹施愛以此不得長驅而東。會崔閏孫叛附施愛。云革為施愛所執。與休明。糾。成章。俱死端川獄中。賊平。得其屍。皆不解枷鎖。頭顱摧碎。 朝廷追錄云革敵愾功臣。并賜堂上官。

詩 兇醜稱兵叛吉州。摩雲以北骨成丘。獨將忠義拚鋒鏑。一死英名萬古留 功如張許嬰城日。忠似顏袁罵賊時。乘勝官軍齊致死。朔方尚有四男兒

김同동이ᄂᆞᆫ 宗종親친 江강
寧녕副부正졍종이라 燕연山
산君군 ᄉᆞ랑ᄒᆞ시ᄂᆞᆫ 女녀妓기
ㅗ강寧녕副부正졍지를 잇고
또 다ᄅᆞᆫ 실을 아ᄉᆞ려 ᄒᆞ야 거즛
이를 자로되 江강寧녕副부正
졍이 ᄉᆞᆼ여 니ᄅᆞᆯ 바지 제라 ᄒᆞ
야ᄂᆞᆯ 燕연山산君군이 노ᄒᆞ야
江강寧녕副부正졍과 金김同
동이ᄅᆞᆯ 가도아 落락刑형ᄒᆞ니르
현ᄂᆞᆫ 金김同동이 닐오되
내 죄라 ᄒᆞ거시 모ᄅᆞ니라 ᄒᆞ다
니ᄂᆞᆫ 미 닐오되 네 ᄒᆞᆼ것과 ᄃᆞᆯ
어니 몰래라 ᄒᆞᆫ 번 ᄉᆞ리라 ᄒᆞ
야ᄂᆞᆯ 金김同동이 닐오되 내 버
스면 ᄒᆞᆼ거시 죄를 니브리니 ᄒᆞᆼ
것 죄니 피고 내 사로몰 ᄎᆞ마 몬
로다 ᄒᆞ더라 주길 제 보로되

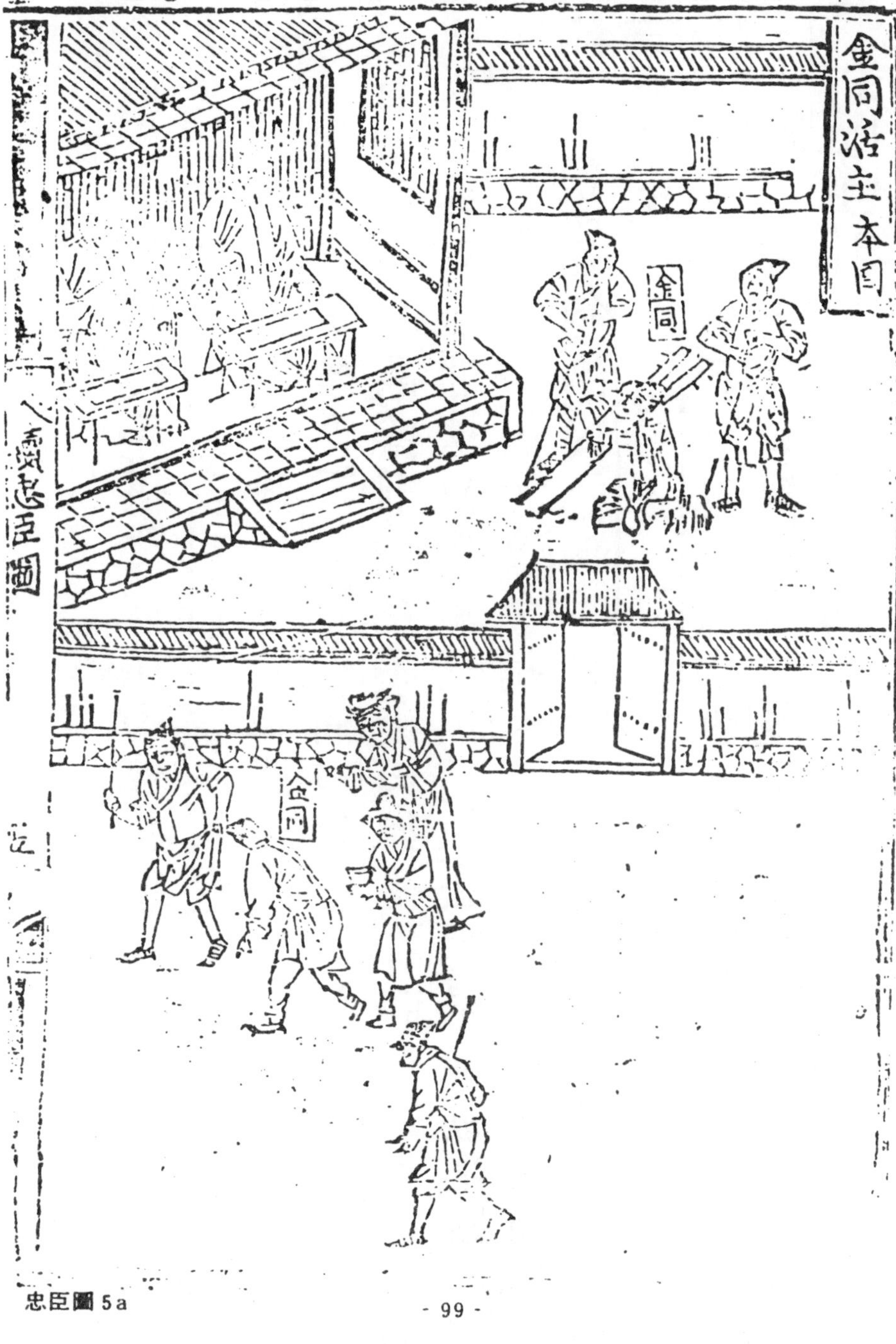

忠臣圖 5a

내주구믄날에죵숑ᄒᆞᆫᄒᆞ야것
ᄆᆞ디아니커니와오직내항거
ᄉᆞ죄업ᄉᆞ매마자귀향가ᄂᆞᆫ수
읍셜ᄒᆞᄂᆞ라제어미올어늘
金김同똥이닐오ᄃᆡ어미브라
고주구미진실로ᄇᆞ희나내항
거시이시시면어미를어엿비너
길거시니슬허말라ᄒᆞ더라사
ᄅᆞ미술머겨ᄂᆞᆯ울오닐오ᄃᆡ내
항거시어려이머리귀향가거
늘뉘머기ᄂᆞᆫ표ᄒᆞᆫ고ᄒᆞ장슬히
ᄒᆞᆫ거늘본사ᄅᆞ미다슬피너겨
ᄒᆞ더라 今금上샹ᄉᆞ삼年년
애紅홍門문ᄒᆞ시니라

金同宗室江寧副正祺之奴。燕山嬖姣奪祺第。又欲并其
別舍。誣訴祺嫉奴罵妾曰。藉威勢奪人家。豈長久之
山怒囚祺。及金同。至用烙訊。同曰罪在奴。非主所知。
曰汝與主異居。若云不知。可免。同曰奴若免。主必陷罪。
主自活。吾所不忍。臨刑顔色不變曰奴死有同虫蟻。不足
惜。但傷吾主無罪杖配耳。其母泣。同與訣曰。兒棄母死。誠
不孝。然吾主在。必保護母。勿悲。人有飮之酒。泣曰。吾主問
關遠謫。誰爲饋酒。因悲咽不自勝。見者莫不傷嘆。今 上
三年旌閭

詩 嬖姬讒舌利如刀　奇禍横來不可逃　蹈主求生寧可
忍　蟻虫微命棄如抛　臨刑還嘆主無辜　慈母情深孝
亦俱　士林忠孝猶云罕　况在無知僕隷徒

續三綱行實烈女圖目錄

玉今不汚　玉今自縊

鄭氏不食　李氏守信

續三綱行實烈女圖目錄

白氏ᄂᆞᆫ 太原엣 사
ᄅᆞ미니 남지니 집ᄇᆞ리고
즁 도외여늘 白氏 씨이
셔ᄉᆞ 어미 아 받고 나가디
아니ᄒᆞ야 브즈러니 질삼
ᄒᆞ야 구실 ᄃᆡ답ᄒᆞ더니 삼
지니 ᄒᆞᆯᄅᆞᆫ 도라와 다ᄅᆞ니
어ᄅᆞ라 뵈아거늘 白氏
씨 머리 버히고 盟誓 ᄒᆞ세
ᄒᆞ야 좃디 아니ᄒᆞ니라 싀
어ᅵ 나히 아ᄒᆞᆫ 내 죽거늘
ᄒᆞᆷᄋᆞᆯ 디드며 送葬ᄋᆞᆯ
고미 어ᄇᆡ 양ᄌᆞᄅᆞᆯ 그려 두
고 죽도록 祭ᄒᆞ니라

白氏。含原人。夫棄家為僧。白氏留養姑不去。勤績紝以供祖職。夫一日還。迫使他適。白氏斷髮誓不從。夫不能奪。姑年九十歿。竭力營葬。畫姑像。祀之終身

詩 郎棄天倫妾奉姑。晨昏滫瀡色怡愉。一朝非理還相迫。斷髮終身志不渝

可憐姑氏又辭堂。竭力經營事克襄。永慕情深開肖像。終身奠薦孝思長

氏세ᄂᆞᆫ 陳만쏨ㅣ
살ᄅᆞ미니 나히 열네히ᄒᆞᆫ
ᄀᆞ올 잇ᄂᆞᆫ 孟밍ᄂᆞᆫ 총保볼
와 婚혼姻인ᄒᆞ쟈 期끠約
약ᄒᆞ얏더니 아니오라 七
칠保봄ㅣ 關관封봉따해
貢고稅셰바티라 가다가
길헤 죽거늘 草초葬장ᄒᆞ
얏더니 張댱氏씨의 어버
이 남진얼오려ᄒᆞ더니 張
댱氏씨 닐오ᄃᆡ ᄒᆞ마 孟밍
氏씨의 거긔 期끠約약ᄋᆞ
니 비록 주거도 제 어미 依
피 據건홀ᄃᆡ 업스니 願
ᄒᆞᆫᄃᆞᆫ 가 셤겨지라ᄒᆞ야 놀
어버이 그ᄠᅳ들 重듕히 너

귀조ᄎᆞ대ᄭᅴ어미와草葬ᄒᆞ
쟝ᄒᆞ엿다가屍시體톄를
지어와永영葬장ᄒᆞ고죽
도록싀어미를셤기더니
싀어미죽거늘禮례다비
송葬장ᄒᆞ니온조방올
旌정門문셰니라

張氏。陳州人。年十四。許同郡孟七保爲婚。未幾。七保輸稅於開封。道死。藳葬祥符。父母欲嫁之。張曰。已許孟氏。今雖亡。其母無所依。願歸以養之。父母重其意。從之。乃與姑。詣祥符。負其夫屍還葬。終身養姑。姑卒。以禮葬之。事聞。旌門

詩

郎死雖云未醮前。禮成媒聘即從夭。負屍還葬歸以知氏奉養終身孝更全

婦人從一終天倫。媒妁初成志許身。暮年寡子持空信。千載唯聞有此人

陳딘氏씨 安안樂락 부ᄇᆡᆼ사
ᄅᆞ미니 徐셔得득安안의
겨지비라 나히 스믈헤 남
지니 病뼝ᄒᆞ야 죽게 ᄃᆞ여
서 닐오ᄃᆡ 네 나히 졈고 ᄌᆞ
子息식이 업스니 나 죽거
든 혹 남지ᄂᆞᆯ 됴히 셤기라
ᄒᆞ야ᄂᆞᆯ 陳딘氏씨 울오 닐
오ᄃᆡ ᄒᆞᆫ마 그ᄃᆡ 겨지비 ᄃᆞ
외여시니 ᄎᆞ마 두 사ᄅᆞᄆᆞᆯ
셤기려 ᄒᆞ고 죽재 구와 머
리 ᄭᆞᄅᆞᆯ 버혀 盟ᄆᆡᆼ誓쎼ᄒᆞ
고 ᄂᆞᆫ지니 죽거ᄂᆞᆯ 귀와 머
리ᄅᆞᆯ 揩판 안해 녀코 죽
도ᄅᆞᆨ 므ᅀᆞᄆᆞᆯ 고티디 아니
ᄒᆞ니 엳ᄌᆞᄫᆞ 旌졍表표門몬

陳氏樂平人。徐得安妻。年二十。夫病革。謂之曰。汝年少無子。我死。善事後人。陳氏泣曰。旣為君婦。忍事二姓乎。卽割耳剪髮為誓。夫死。納之棺中。終身不改節。事聞。旌其門

詩 良人疾革妾纏悲。訣語云胡不我知。剪髮矣心仍割耳。此心從一死為期　旋將耳髮納夫棺。生死應知此志完。辛苦百年長守誓。始終全節古來難

허梅ᄆᆡᄂᆞᆫ 同동安안사
ᄅᆞᆷ이니 宣션德덕 저긔 ᄒᆞᆫ
식 宋송今금陽양ᄋᆡ 산이 아
ᄃᆞᆯ 어러 오라디 아니ᄒᆞ
야셔 남진 큰 病뼝을 어
더 許허梅ᄆᆡ 侍씨病뼝
ᄒᆞ오ᄃᆡ 그지 기ᄒᆞ더니 남진
이 죽거늘 盟ᄆᆡᆼ誓쎠ᄒᆞ오ᄃᆡ
두 남진 아니 ᄒᆞ려 ᄒᆞ고 시어
미를 더옥 孝효道도ᄒᆞ더니 저
아비 라셔 져믄 주를 어엿
비 너겨 구틔여 다ᄅᆞ니 얼
요려 ᄒᆞ야 ᄒᆞ마 보낼 저긔
許허梅ᄆᆡ 므레 드러 주그
니 믿ᄀᆞ리 밀여오나 도주
기미 흘러가니 사니 ᄒᆞ더

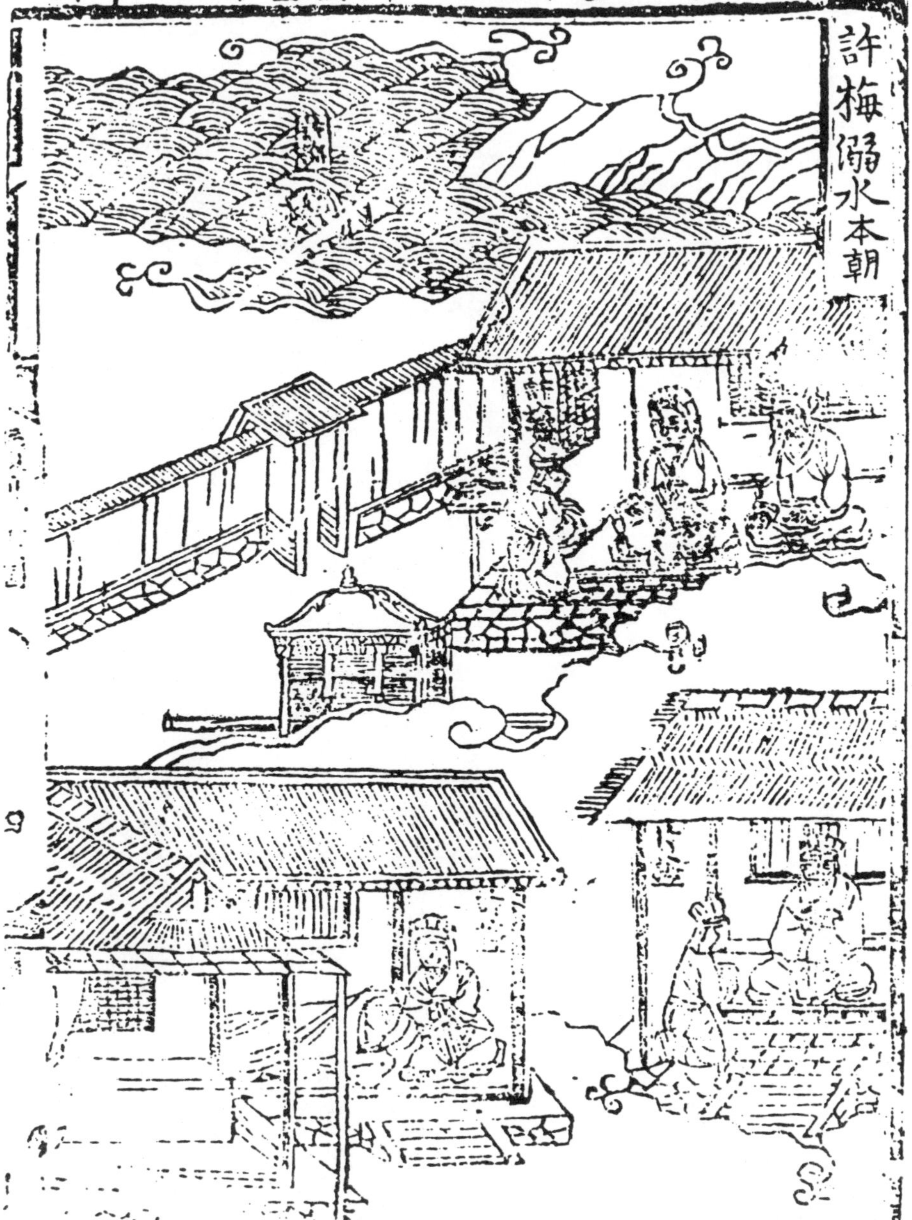

許梅。同安人。宣德中。適同里宋隱山之子。未幾。夫得瘤疾
梅奉之彌篤。夫死。誓不二。事姑愈孝。父憐其少。逼之他適
臨遣。梅投水死。潮漲。屍不流

詩 良人已死妾身孤。甘旨怡愉奉老姑。父命縱然非義
逼。此心先决不曾渝　投死從容善自謀。命輕毫髮義
山丘。貞心似石終難轉。身歿猶能不逐流

류氏씨ᄂᆞᆫ 楊양關관의
거지비러니 孫손溥뎨 關관이
孚부宣션ᄊᆞ ㅣ 도외여 싸호
매 죽거늘 劉류氏씨 守슈容용
節졀ᄋᆞᆯ 갓더니 구틔여 다
와다 아두려 홀 사ᄅᆞ미 잇
거늘 劉류氏씨 소겨 닐오
ᄃᆡ 내 三삼月월 三삼日일
에 무ᄉᆞ매 顯현祖조ᄒᆞ야 이시
나 이옷다 나면 네 마ᄅᆞᆯ 조
조라 ᄒᆞ고 그 나ᄅᆞᆯ 彰챵
德덕 天텬寧녕寺ᄉᆞ ㅣ 라
더레 가 塔탑 민 그 뎌ᄅᆞᆯ 아
한ᄂᆞᆯ ᄉᆡ 비라 ᄂᆞᆯ오 타나ᄂᆞᆫ
몬ᄃᆡ 河하南남 ᄉᆞᆯ홀ᄇᆞᆫ 집
太ᄐᆡ息식이니 남지니 주

니笑삷節졀리믈ᄅᆞᆯ거
라ᄒᆞ고ᄯᅡ해ᄂᆞ려디여
그니라

劉氏。河南人。齊開妻。開應募爲千夫長戰死。劉守節不二人有強逼婚者。劉紿曰吾三月三日。有心願。過此。當從所言。是日徑往彰德天寧寺。登浮屠絕頂。祝天曰妾本河南名家。夫已死。不敢失節。遂投地而死

良人死國泣孫癡。却被狂圖謾納期。登塔誓天還擲地。此心唯有地天知

可憐憔悴未亡人。外侮都因有此身。騰擲片時拚一死。貞心萬古不緇磷

兪유氏씨ᄂᆞᆫ 上썅海ᄒᆡ 사
ᄅᆞ미니 永영樂락 져긔 남
진 張댱文문通통이 시ᄃᆞ
ᄂᆞᆫ 病뼝을 어ᄃᆞ니 藥약으
로 고티디 몯ᄒᆞ야 兪유氏
씨ᄃᆞ려 닐오ᄃᆡ 내 쟝ᄎᆞ 주
구로소니 ᄇᆞ라나 히 졈고 子
ᄌᆞ息식 업거니 훗 남진을
됴히 셤기라 ᄒᆞᆫ대 兪유氏
씨 닐오ᄃᆡ 아비 날로 날진
을 셤기라 ᄒᆞ시니 남지니 죽
고 子ᄌᆞ息식이 업스니
누를 조ᄎᆞ리오 그ᄃᆡ를 ᄯᆞ
라가 조초리라 ᄒᆞ더니
文문通통이 죽거늘 그 날
兪유氏씨 목ᄆᆡ야 주그니라

俞氏。上海人。永樂初。夫張文通。嬰瘵疾。藥不能療。囑俞曰。吾將死。汝年少無子。宜善事後人。俞曰。父命以妾事夫。夫今死。又無子女。將何從。願從夫於地下。文通歿。是日俞自經

詩 早承嚴命事移天。嬰瘵當時慟莫痊。一語臨危眞苟誓。丹心矢死守貞堅

從一而終義早聞。夫亡何忍度朝曛。怡然經死無他意。箕帚重泉亦奉君

馬氏ᄂᆞᆫ湯탕陰음사ᄅᆞ미니일훔은瑞쒸香향이라져며셔孝효經경과列렬女녀傳뎐을닐거ᄠᅳ들이더니어버이ᄀᆞ장ᄉᆞ랑ᄒᆞ야싸회를ᄀᆞᆯᄒᆞ야薛셜彀구를얼여ᄒᆞᆫᄯᆞ른나ᄒᆞ니라薛셜彀구ㅣ세간ᄉᆞ리잘몯ᄒᆞ거늘瑞쒸香향의어버이怒노ᄒᆞ야말이고三삼年년이디나거ᄂᆞᆯ어버이다ᄅᆞ니를얼요리ᄒᆞᆫ대瑞쒸香향이라셔禮례예ᄯᅩᄃᆞᆫ남진어믈리업스니라ᄒᆞ야써뵌대어버이듣디아니ᄒᆞ거늘瑞

香향이 죠고만 조희예 너 이여히ᄂᆞᆫ 말ᄉᆞᆷ 서 귀ᄒᆞ메 츰기고 우므 ᄅᆞᆯ 긔족건ᄂᆞᆯ 드론 사ᄅᆞ 몰ᄋᆞ더라

馬氏。湯陰人。名瑞香。幼讀孝經烈女傳。通大義。父母鍾愛擇壻適薛縠。生一女。縠拙於家事。婦翁怒責。遂離去。踰三年。父母欲令他適。馬氏書禮無再醮之義以告。父母不從乃投井而死。留序然於其女懷中書謝別父母之辭。聞者慟之

詩 少歲通書執女儀。良人豈料遽生離。禮無再醮吾能斷。却恨爺孃莫我知　爺孃雖命豈吾違。投井終成此志堅。小女懷中留訣語。至今聞者總潸然

원氏씨ᄂᆞᆫ嚴엄庸용의
가지비라ᄉᆞ어버이를셤
교되孝효도ᄒᆞ더니ᄉᆞ어미
病ᄈᆡᆼᄒᆞ얏거늘모셔이셔
藥약더이ᄃᆞᆯ게을이아니
ᄒᆞ니ᄆᆞᅀᆞᆷ히ᄆᆞᆯ곤더라永
樂락저긔嚴엄庸용이
므레ᄲᅡ뎌죽거늘袁원氏
ᄶᅵ나히열엷이러니죽
재남진니ᄲᅡ딘ᄯᅡ히가屍
시體톄를ᄎᆞᆺ보아ᄀᆞ장올
오ᄂᆞᆯ오ᄃᆡ남지니죽고子
ᄌᆞ息식이업스니혼자사
라셔므슴ᄒᆞ료ᄒᆞ고므레
드러죽거늘후에고기자
랄사ᄅᆞ미뭇ᄭᅴ새두주검

이ᄒᆞᆫ티잇거늘어드니모다닐오ᄃᆡ節졀義의로感감動동ᄒᆞ야그러타ᄒᆞ더라旌졍表표ᄒᆞ야貞뎡烈렬이라ᄒᆞ라ᄒᆞ시다

袁氏龍州人。嫁庸妻。事舅姑孝。姑疾。侍湯藥不懈。甚爲鄉里所稱。求藥間。庸溺水死。袁氏年十八。亟趨夫溺處。尋屍不見。因大哭曰。夫死無子。獨生何爲。亦投水死。後漁人於河邊得二屍同處。人以爲節義所感。命旌爲貞烈

詩 忽聞夫溺去江湄。屍去江空哭最悲。無子獨生何所托。不如波底共追隨

誠孝平時聞一鄉。更隨夫死赴汪洋。二屍一處眞諧願。義烈從來感彼蒼

약哥가ᄂᆞᆫ 善션山산 사ᄅᆞ미니 趙됴ᇰ乙을 生ᄉᆡᇰ의 거지비라 乙을 生ᄉᆡᇰ이 예게 자피여니거늘 주근 ᄃᆞᆼ 산ᄃᆞᆼ ᄃᆞᆯ라 고기와 마ᄂᆞᆯ 파 먹디 아니ᄒᆞ며 옷 바사 자디 아니ᄒᆞ더니 제 어미 이 납진 얼요려 ᄒᆞᆫ대 주고모로 盟ᄆᆡᇰ誓셰코 좃디 아니ᄒᆞ더니 여듧 ᄒᆡ마니 乙을 生ᄉᆡᇰ이 사라오나ᄂᆞᆯ 남진 셤겨 지비 도외니라

藥哥。善山人。趙乙生妻也。乙生爲倭寇擄去。藥哥未知存
歿。不食肉。不茹葷。不脫衣服而寢。父母欲奪志。矢死不從。
凡八年而乙生還。爲夫婦如初

詩 杳杳滄波阿母鄉。夫從擄去定存亡。心喪八載全貞
節。豈料他時再見郎　却葷斷肉守孤房。矢死難移一
寸腸。畢竟歸來還會合。也知誠意格蒼蒼

永영宋송氏씨ᄂᆞᆫ 礪려山산사
ᄅᆞ미라 제 남진 鄭뎡希희
重듕이 일죽거ᄂᆞᆯ 기상 三
십年년을 내우러 디내니
라 어버이 셔머셔 ᄒᆞᆯ이 미
ᄃᆞ 왼 졸어 엿비 니기 낙진
일요러ᄒᆞᆫ대 宋송氏씨 주
ᄂᆞ무로 盟ᄆᆡᆼ誓셔ᄒᆞ야 날
오ᄃᆡ 싀어미 金김提뎨매 이
셔 녀ᄂᆞ 子ᄌᆞ息식 업스니
내 남진곳 여ᄒᆡ면 죽어 ᄯᅡ
이ᄃᆡ가 依의託탁ᄒᆞ료 ᄒᆞ
야 [illegible] 어버이 듣디 아녀ᄒᆞᆫ
대 宋송氏씨 아기 업고 逃도
亂란은 망ᄒᆞ야 싀지븨 가여
히ᄅᆞᆯ로 라오디 아니ᄒᆞ

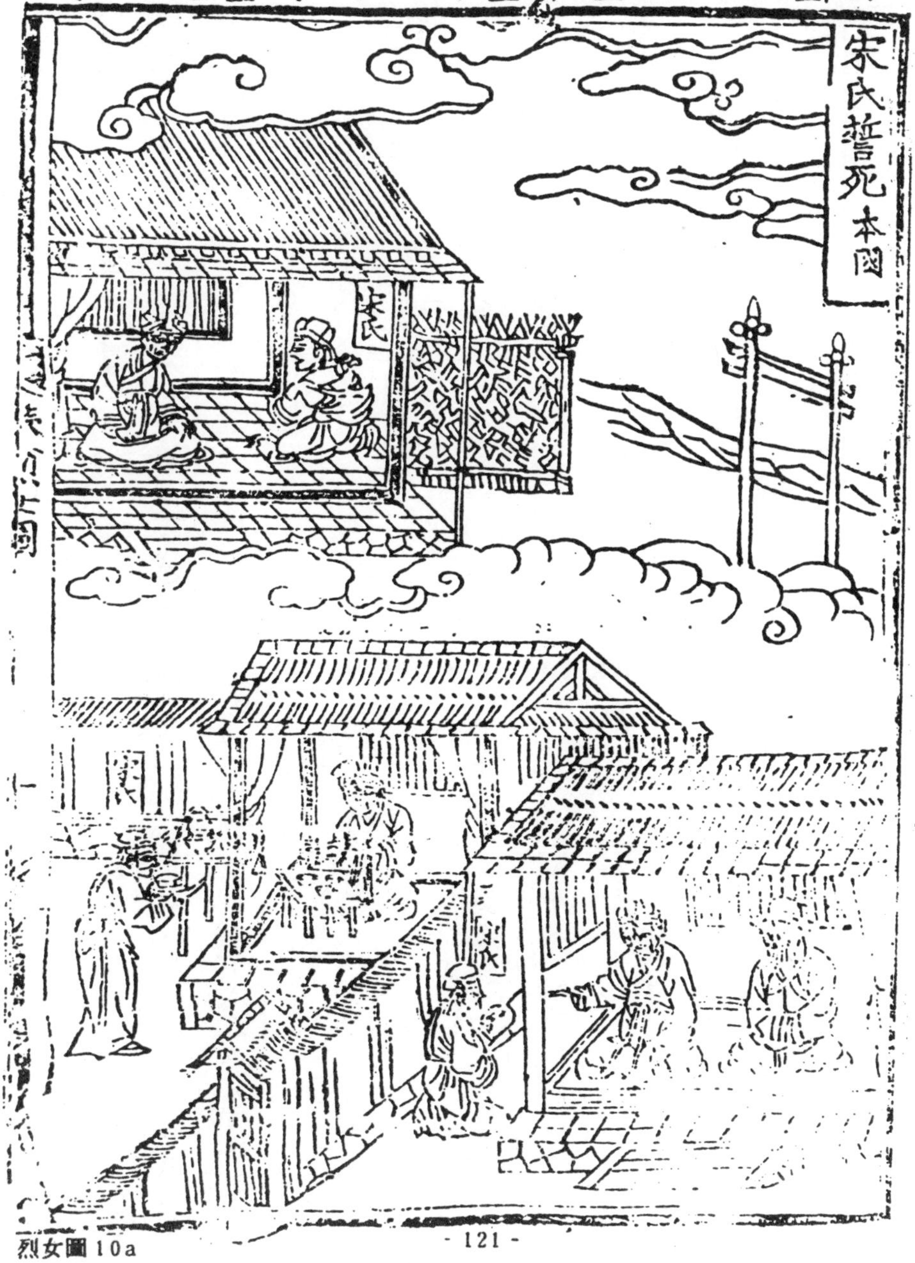

디어버이그지극精
誠셩을感감激격ᄒᆞ야
집겨 ... 別별室실지어주
대宋송 ... 氏씨ᄉᆞ어미ᄃᆞ려
와살 ... 親친히飮음食식
ᄒᆞ야 ... 더니ᄉᆞ어미죽거
늘거ᄉᆞ ... 三삼年년을내우
러디 ... 니라열ᄉᆞ밤뇌紅
뭉門 ... 세우復복戶호ᄒᆞ

宋氏。礪山人。其夫鄭希重早死。泣血終喪。父母憐其寡
欲奪志。宋以死自誓曰。姑在金堤。無他子。我若從人則姑
終何托。父母不聽。宋負兒。逃歸姑氏。累年不還。父母其
至誠。乃於舍傍。構別室與之。宋奉姑東居。躬供菽水。姑歿
泣血終喪。事聞。旌門復戶

詩 早孀泣血喪初闋。奈被爺孃不諒人。負子從姑仍不
返。至誠終亦感雙親 畢竟親心亦感歎。為營旁舍與
姑安。奉姑存歿誠如一。終始無虧婦道完

崔최氏씨ᄂᆞᆫ 忠튱州쥬ㅣ
사ᄅᆞ미니 準쥰節졀約약이와
婚혼姻인ᄒᆞ자 일 뎡ᄒᆞ얏
더니 韓한約약이 [illegible]
ᄃᆞᆯ 제조차 갓다가 ᄡᅵ호
매 죽거늘 崔최氏씨 죡도
록 남진 아니ᄒᆞ니라 旌졍
방ᄂᆞ 紅홍門몬 세니라

崔氏忠州人與副使韓約定婚約從征日本戰歿崔守節事聞旌閭

詩 約定從征歿未歸更無門勢可因依崔家處子心如鐵守節終身誓不虧 崔氏青年秉志誠防身以禮守堅貞平生未會韓郞面竹帛同垂萬古名

徐氏ᄂᆞᆫ 國子生姜元衡二人
ᄫᆡ 미나 ᄉᆞ達ᄒᆡ의 ᄯᅡ
ᄃᆡ라 ᄒᆞ그 일 잇ᄂᆞᆫ 사ᄅᆞᆷ 都
ᄀᆞ寰 ᄋᆞᆫ寰 ᄫᅣᆼ이 어ᄅᆞᆫ 호ᄃᆡ
마ᄂᆞᆫ 죽거늘 셜워 ᄒᆞ몰 너
믄 ᄒᆞ야 ᄇᆡ얀 집 ᄃᆡ ᄆᆡᆺ 수 헤
가 ᄃᆡᆨ ᄅᆞᆯ 안고 거우 ᄃᆡ 니 蓋
ᄅᆞᆫ 흰 대 세 피 가 나 三삼年
년 ᄌᆡ 날 여ᄃᆞᆸ 펴기 도외니
라 莊장憲헌大대王왕
이 흰 대 그리 드리라 ᄒᆞ시
고 復복戶호ᄒᆞ고 旌졍門
ᄆᆞᆫ 셰리 ᄒᆞ시다

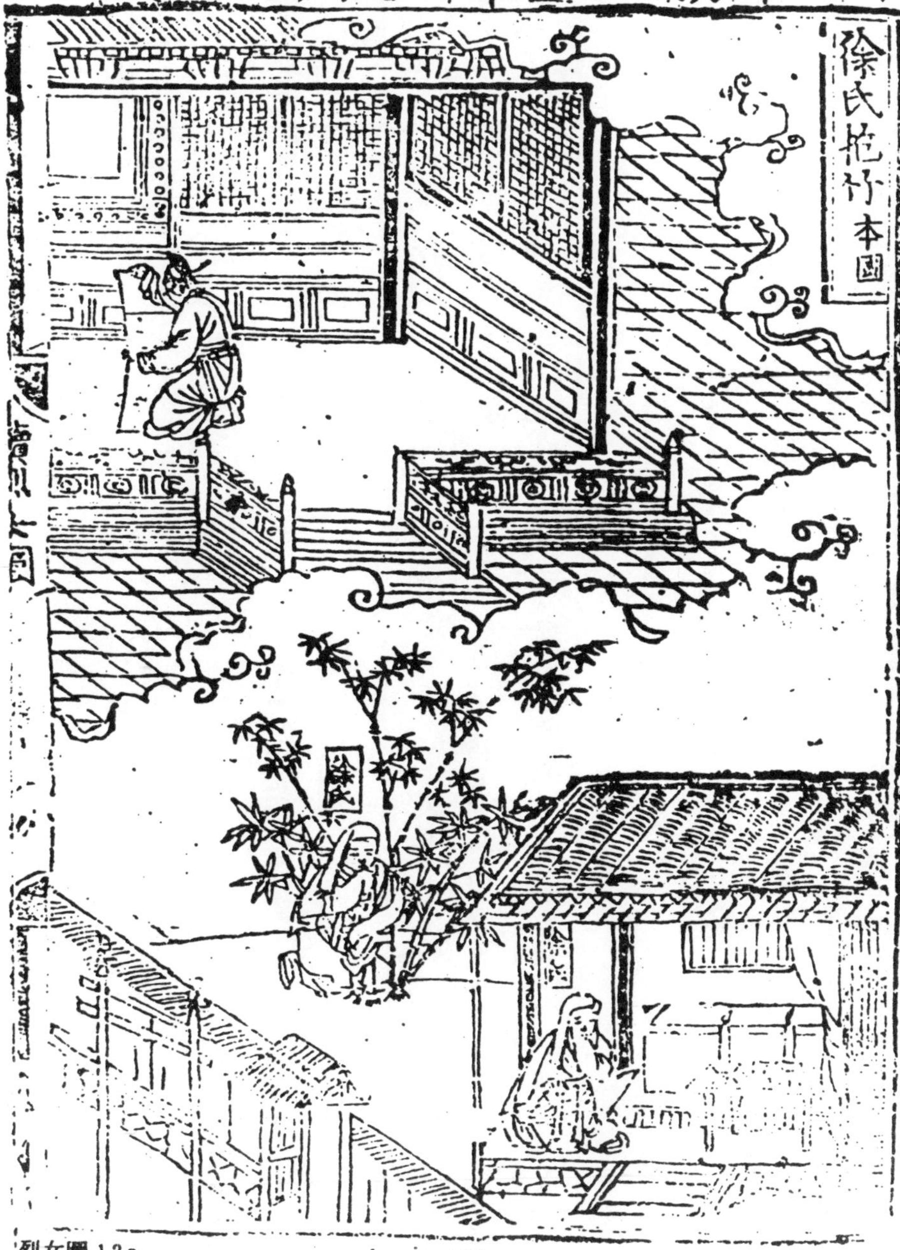

徐氏。豐基人。徐忠達之女。嫁同郡都雲峯。纔一年夫死。哀毁過禮。常日號哭後竹林。抱竹號泣。忽一日。生白竹三莖三年至七八莖。正統戊午。莊憲大王。命圖其竹以進。復戶旌閭

號天抱竹淚汍瀾。一夜新莖白數竿。高節凜然驚世俗。九重描上畫圖看

千古瀟湘怨不窮。年年竹上見斑紅。須知素節無今昔。白笋新生一兩叢

石셕숫금이ᄂᆞᆫ高고陽양
鄕향吏리杜씨培뻬의게
ᄀᆞ비라營ᄅᆞ山산지ᄀᆡ植
씨培뻬罪죄니버죽거늘
石셕숫금이엿ᄉᆡ롤飮음
食씩아니ᄆᆡ고발나조올
며ᄂᆞᆯ으ᄃᆡ내머리ᄀᆡ향갈
ᄀᆞ시니必빌然션ᄃᆞ려갈
사ᄅᆞᆷ외게더러요미ᄃᆞ외
ᄂᆞᆫ나사ᄐᆞ이쇼미주곰만
ᄀᆞᆮ니몯ᄒᆞ니라ᄒᆞ고목미
야ᄌᆞ라주그니라

烈女圖 13a

石今。高陽郡吏植培妻。晉山時。植培被誅。石今六日不晝夜號泣曰我應例配遠方。必爲押去者所污。生不如死遂縊而死

詩 良人坐事被刑誅。妾獨偷生敢自圖。不食哀號連六日。天乎其奈未亡軀 將隨監押配邊陲。素節焉知不受緇。恥復苟生甘就死。至今高行燦民彝

氏씨ᄂᆞᆫ 山산애
니 賊적 ᄒᆞᆫ의 겨지
ᄅᆞ비ᄂᆞ 나히 열다ᄉᆞ신 계남
와라 ㅣ기 얼골이 미ᄃᆞ
외여 귀리 ㅣ 버히고 踊뮝ᄒᆞ
뒤다 시 남진 아니호
남진의 진 양 그러 ᄇᆞ
길오ᄂᆞᆯ 뎌 옷ᄌᆞᆯ 쳐노
ᄒᆞᆫ 言언 ᄒᆞᆯ 술며 아ᄎᆞᆷ
祭제ᄒᆞ며 나가미
외씨 ᄭᅮᆷ ᄒᆞ며
귀술 외 식祭 세
ᄒᆡᆼ도 먹디 아니
죽도록 흰옷 니ᄂᆞ니
旌강 졍 大대 王왕
주시고 紅홍門

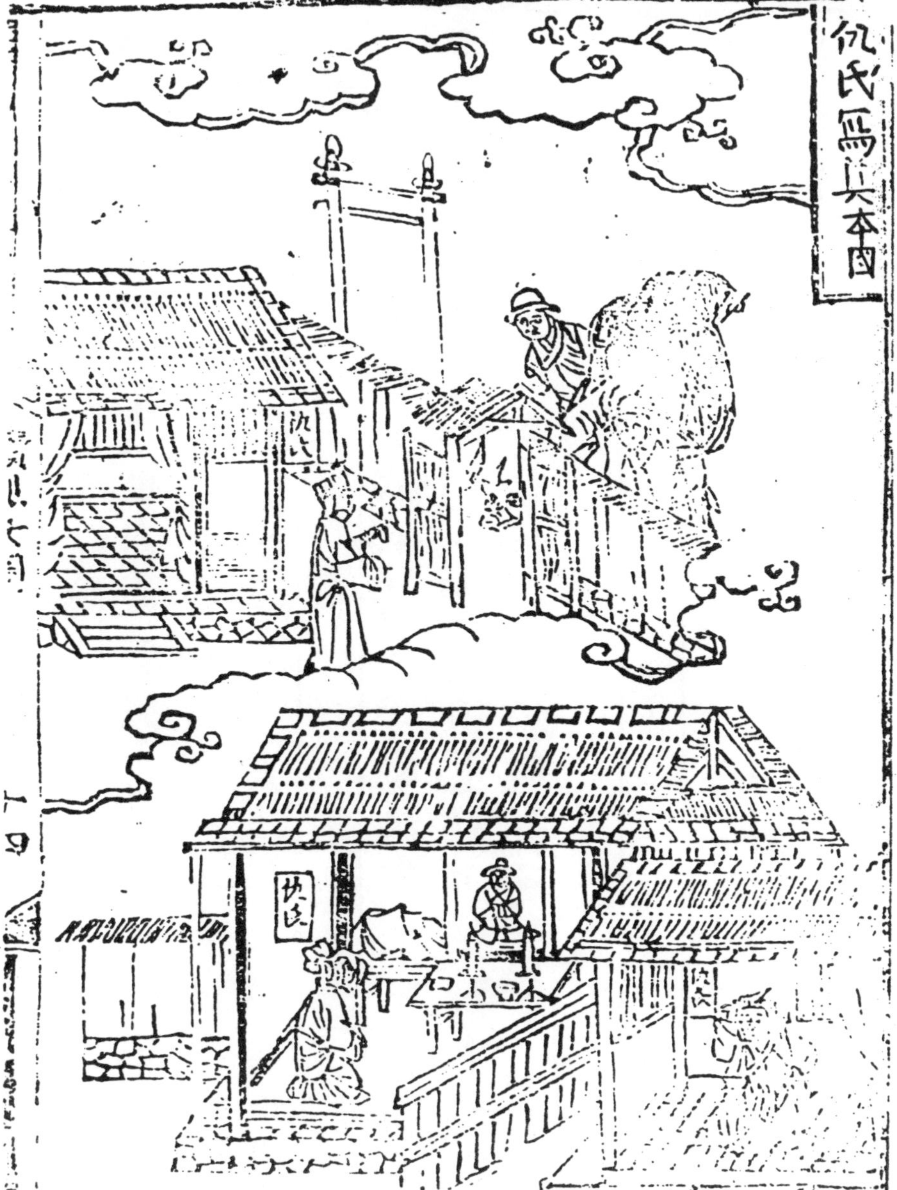

仇氏。益山人。曹斂妻也。年十五。歸曹門。早寡。斷髮。誓不再適。寫夫眞掛壁。陳衣服。日夜哀號。朝夕上食。出入必告。時物必薦。不茹蔬歠羹。素服終身。 康靖大王二年。事聞。賜粟旌閭

詩 青年守寡耿丹誠。斷髮全身誓此生。泉下有期求一死。冥魂應識妾心情

圖繪傳眞壁上張。陳衣薦食日哀傷。未亡服素兼疏糲。終得褒旌節更彰

金김氏씨는咸함陽양사ᄅᆞ미니李리陽양의겨지비라남지니子ᄌᆞ息식업고일죽거늘ᄃᆞᆯ론사ᄅᆞ미어루려ᄒᆞ대金김氏씨제남진의墳분土토로ᄆᆡᄃᆞ라가ᄑᆞᆯ헤혀고사ᄒᆞᆯᄲᅡ몰자니라後후에또겨집사모려ᄒᆞ리잇거늘金김氏씨對ᄃᆡ答답이아니ᄒᆞ고목ᄆᆡ야ᄃᆞ라주그니라康강靖졍大대王왕이그墳분土토애祭제ᄒᆞ라ᄒᆞ시고旌졍門문세시니라

金氏。咸陽人。李陽妻也。陽無子早死。人欲娶之。金走至夫墳。披草宿三夜。後又有求娶。金不應。自縊而死。康靖六王三年。命郡。祭墓旌門

詩 夫已守節矢無他。非理其如欲污何。披草荒墳經數夜。貞心似鏡孰能磨 百年何苦抱殘生。行露頻驚畏我明。一死羽輕全節重。圖形千載樹芳名

音음方빙이ᄂᆞᆫ禮례
빈寺씨하뎐이라남지
니죽거늘제아비일홀어
이도된줄어엿비너겨님
ᄀᆞᆫ멀유려ᄒᆞ거늘仇꾸音음
흠方방이盟밍誓쎼ᄒᆞ되
다ᄅᆞ니게가디아니ᄒᆞ려
ᄒᆞ고逃똥ᄂᆞᆫ망ᄒᆞ야들헤
가수무을두세번ᄒᆞ고죽
도록고기와마ᄂᆞᆯ파먹디
아니터라또샹네어셔주
ᄀᆞ리라ᄒᆞ고神씬祀ᄊᆞ아
니ᄒᆞ더니 康강靖쪙大
때王왕朝뚷애엳不밥날
紅홍門몬셰니라

仇音方。禮賓寺婢也。夫死。父哀其早寡欲奪志。仇音方誓不他適。逃匿于野者再三。終身不食肉。不茹葷。且奠逆死。不事巫祀。 康靖大王四年。事聞。旌閭

[詩]郎君早逝守孤身。操節貞堅玉不磷。信誓百年終耿耿。此生何忍事他人
卻恨爺爺不諒人。逃潛荒野竟全身。絕葷去肉將心誓。肯惜餘生諂事神

孫손氏씨ᄂᆞᆫ 密밀陽양사
ᄅᆞ미니 仁인河하의 ᄯᆞ리
라 열여ᄉᆞᆺ 신제 草초溪계
ᄀᆞᆺᄂᆞᆫ 安안彦언이ᄅᆞᆯ 어러
계우 두어 나ᄅᆞᆯ ᄒᆞ야 죽거
ᄂᆞᆯ 三삼年년 내 울오 아ᄎᆞᆷ
나죄 親친히 祭졔ᄒᆞ더니
服복 喪상ᄒᆞ야ᄂᆞᆯ 한 ᄊᆞᆯ ᄲᅮᆫ
母모ㅣ 나져 문주ᄅᆞᆯ 이엿
리너겨 남진 얼요려 커ᄂᆞᆯ
孫손氏씨 주거도 몰ᄒᆞ리
다 ᄒᆞ더니 한마베 懸노ᄒᆞ
야 구티 여얼 유더 커ᄂᆞᆯ 孫
손氏씨가 마니 댓승 헤가
목ᄆᆡ야ᄅᆞᆯ ᄆᆡ엿거ᄂᆞᆯ 제兄형
이 보고 그르너라 죡재싀

어버ᅀᅵ지븨가살며아ᄎᆞᆷ
나죄의식祭졔ᄒᆞᆫ後후에ᅀᅡ
밥먹더니나히셜흔둘헤
그니라

孫氏。密陽府人亂河之女。年十六。嫁草溪人安近。纔數日。
近死。泣涕三年。躬奠朝夕。服闋。祖父母憐其年少。欲奪志。
孫氏以死固拒。祖父怒。強之。孫氏潛入園中竹林。自縊。其
兄見而解之。即歸舅姑家居焉。朝夕必先祭夫。然後乃食。
年三十二而終

[illegible] 婉孌從人婦禮諳。同牢數日便成孀。三年泣血朝晡
奠。一片丹心貫彼蒼　翁媼如何莫我憐。竹林潛縊而
彌堅。平生得食長先薦。不祭亡夫不下咽

량氏씨ᄂᆞᆫ 洪홍容용 朱쥬ㅣㅅ
ᄀᆞᄅᆞ미니 與子 吉길 生싱
외계지비라 吉길 生싱이
숙거늘 草초葬장ᄒᆞ고 아
ᄌᆞᆷ나죄로 親친히 祭제ᄒᆞ
더니 ᄒᆞᄅᆞᆫ 가 祭제ᄒᆞ고 오
라ᄃᆞ 독 도라오다 아니 ᄒᆞᆯ
시 미비이 황당이 너겨가
이더 보니 草초葬장ᄒᆞᆫ 디
블오 撫鞠을 안고 셔울어
늘 어버이 븐드러 두려오
너니 미초아 집 내해 믈
니엿더니 梁량氏씨은 특
뷔여늘 어늘 제오라비 거
너내니라 두미 두ᄅᆞᆫᄒᆞ야
새자ᄂᆞᆫ 홍빵킥셔 옥미야

라주거늘어버이어엿
너겨셰남진괴ᄒᆞ더무
니라

梁氏茂朱人。長吉生之妻。吉生死。藁殯。朝夕親奠。一日往奠。移時不返。父母恠而尋之。則開殯抱棺而哭。父母扶以歸。適家前川水方漲。梁遽投入。其兄援出。居數月。自縊于寢房。父母哀之。同穴而葬

詩 良人已逝我何依。哭奠肵脯淚未晞。抱柩移時猶不返。與君泉壤欲同歸。

投入川中却被援。此身未死即深冤。終然自縊諧心願。同穴相隨入九原

權권氏씨ᄂᆞᆫ安한東동사ᄅᆞ미니將쟝계生ᄉᆡᆼ의ᄯᆞ리라나히스믈힌제남진宋송希희從죵이죽거늘親친히ᄒᆞᆰ지여ᄉᆞᆷ뒤헤다가믇고다ᄉᆞᆺ설머근아기ᄃᆞ리고三삼年년을이슘나죄무덤기틔ᄲᅥ나디아니ᄒᆞ더니ᄒᆞᄅᆞᆫ버미와아기를더위더가거늘權권氏씨ᄡᅵ왼녁소ᄂᆞ로ᄌᆞ기잡고ᄋᆞᆯᄒᆞᆫ소ᄂᆞ로버믈ᄆᆞ리방ᄒᆞ며닐오ᄃᆡᄒᆞᄂᆞᆯ히아ᄅᆞ시거든비취여보쇼셔ᄒᆞᆫ대버미ᄇᆞ리고가니라

權氏。安東人。啓生之女。年二十。其夫宋孝從死。親自負土。葬於家北。携五歲兒。朝夕不離墓側。終三年。一日虎攬其子。權氏左手持子。右手拒虎曰。皇天有知。乞賜照臨。虎乃棄去

詩 良人早逝奈沉寃。負土成墳舍北原。朝夕不曾離墓側。抱中唯有小兒存 一夕於菟攬弱兒。飜歸徒手救幾危。此心貞烈天應照。猛獸何能奪母慈

[illegible]한나
ᄅᆞ미타져미처살진죽가디
믈어버이다ᄅᆞ니로얼이
고쳐ᄒᆞ더니金김氏씨盟
誓솅ᄒᆞ야다ᄅᆞᆫ남진아
니ᄒᆞ려ᄒᆞ고므레드러주
구려ᄒᆞ대이버이두려아
니얼이네라金김氏씨ᄎᆞᆷ
도록ᄒᆡᆫ옷니버셔祭졔奠
뎐ᄒᆞ고고기먹디아니ᄒᆞ
라

金氏扶安人。早喪夫。父母欲奪志。金誓不他適。欲投江。父母懼而止。金終身衣白。奉祭祀。不食肉。

詩 自誓丁寧永不更。三綱爲重一身輕。爺孃若也終難悟。定赴江流捨此生

早年守寡志無他。父母雖憐奈若何。衣白終身仍却肉。千秋高節耿難磨

性伊佛刀ᄂᆞᆫ 金海ㅅ 鄕
吏리 詩ᄒᆡ 學ᄒᆞᆨ 同동의
겨지비라 나히 스믈 ᄒᆞᆫ제
남지니 가거늘 아ᄎᆞᆷ 나죄
祭졔 奠뎐을 ᄀᆞ장 별오 그르
제 조히 ᄒᆞ며 朔삭望망이
어든 時시節졀ㅅ 차바ᄂᆞᆯ 기
ᄌᆞ 장만ᄒᆞ고 時시節졀 오
거든 처ᅀᅥ 祭졔ᄒᆞ고 祭
祭졔ᄒᆞᆫ 후에 ᄉᆞ더라 샹녜 強강
暴포ᄒᆞᆫ 노미 더러일가 저
허 갈 ᄎᆞ고 노ᄯᅦ 여셔 盟ᄆᆡᆼ
세ᄒᆞ야 날오ᄃᆡ 갈ᄒᆞ로
디 몯ᄒᆞ면 노ᄒᆞ로 목 ᄆᆡ
야 주구리라 ᄒᆞ고 三삼年
을 내 우러 사ᄅᆞᆷ 드러마

아니ᄒᆞ더라 졀ᄌᆞ
홍문 셰니라

性伊。金海府吏許旻同妻。年二十。夫歿。凡朝夕奠具。務
潔精。別置鼎俎以供。每遇朔望。備時物。與時祀以祭。祭
奠之。常恐有強暴之汚。佩刀帶繩。以自誓曰。刀不能決
以縊之。泣血三年。未嘗與人對面。事聞旌閭

[illegible]生死幽明道豈殊。饗飧精潔薦朝晡。溫淳節服隨廬
設奠。向冥冥告喪夫　佩刀帶索愼周防。義重丘山令
一世。耿耿三年吃泣血。門閭旌表耀窮鄉

禹우氏씨ᄂᆞᆫ潭땀陽양시
ᄅᆞ·미·니金김惟유貞뎡·의
·세·자·비·라 나·히 스·믈헤 남
진 어·러:네·히·제 남·지·니 죽
거·늘 ·싀·어:미·롤 셤교·ᄃᆡ ᅵ
·장·ᅀᆞ·도·ᄒᆞ·더·니·지·빈·늘·븓
거·늘 ᅀᅡ·어·미 늙·고 病뼝·ᄒᆞ
·아·니·러 나·디 몯ᄒᆞ·더·니 禹
우 氏씨 ·브·레·드·려·가·어·버
·내·니·라 남·지·늬 거·상 ᄆᆞ·차
늘 어·버·이 다ᄅᆞᆫ 남진 얼·요
·려·ᄒᆞ·더·니 禹:우 氏씨 닐·오
·ᄃᆡ·내 :두 子ᄌᆞ 息식·이 이 시
·가·히 貧不賴뢰ᄒᆞ·야 :살
거·ᅀᅵ·며 ᄒᆞᆯ ·며 남 지·니 주
글 저·긔 :날·ᄃᆞ·려 ·싀·어·미 셤

ᄂᆞᆫ 이를 니ᄅᆞ니 ᄎᆞ마 背비叛빤ᄒᆞ려ᄒᆞ고 주구므로 盟ᄆᆡᆼ誓쎼호ᄃᆡ 어버이 구틔우디 몯ᄒᆞ니라 싀어미 죽거늘 ᄀᆞ장 슬허ᄒᆞ고 送송葬장과 祭졔奠뗜을 禮례다이 ᄒᆞ니라

禹氏。潭陽人。金惟貞妻。年二十。歸金。四年而夫死。事姑氏甚孝。家嘗失火。田耄且病。不能起。禹冒火負而出。及喪畢。父母欲奪志。禹曰。我有亡子。可資以生。況良人死時。屬我養姑。其忍背之。以死自誓。父母不能強。姑歿。哀毁葬祭以禮

(詩)堂上孀姑老病臻。甘辛只托未亡人。蒼黃冒火焦毛髮。唯顧姑生不計身　萬古綱常白日臨。此身生死只貞心。分明記得臨亡語。泣向爺孃誓更深

姜시ᄂᆞᆫ南남京경사ᄅᆞ미니崔죄月쟈江강ᄋᆡ
겨·지·비·라남·지·니·죽·거·늘
屍·시體톄ᄅᆞᆯ안·고·닐웨ᄅᆞᆯ
밥아·니머·기·주·그·니·라·원
·ᄋᆡ旌졍表표門문ᄒᆞ·시·니·라

姜氏抱屍 木団

姜氏。南原人。崔自沉妻。沉死。姜抱屍七日。不食而死。事聞
旌閭

詩 天亡無托更何望。七日悲號絶水漿。生死一身曾已
許。抱屍甘與死同藏。 百年偕老願無虧。一疾何知竟
莫醫。子兮子兮苟生徒自苦。此身寧與九泉期

사ᄅᆞ미
시졀남지
버믜게 ᄍᆞ
ᄒᆞ새한잇
분믈마올
滔팅揚셰ᄒᆞᆫ
숲ᄉᆞᆺ머그면
범ᄀᆞᄂᆞᆯᄡᅡ아라가보
더니홀ᄂᆞᆫ제어버이
怒然연남진얼유러ᄒᆞᆫ
네조이알오목미다ᄃᆞ라
주그니라본ᄉᆞ반날紅
뎡본셰니라

召史。丹城人。年十六。其夫採薪。爲虎所害。召史、斂厝骨十恐父母奪志。自誓曰。我若有他。將何以見夫於地下

一日其父母果欲嫁。召史知之。縊死。事聞旌閭

詩

夫死於菟獨未亡。叫呼天地兩茫茫。一心自誓寧容變。泉下相從是我常

一齊不改固終身。父母如何不諒人。決意雖經全大節。只今青史令名新

옥수금이ᄂᆞᆫ安한陰음
ᄯᅡᄅᆞ미라사히열닐구베
남지니죽거늘싀어버이
조차사더니재모ᄉᆞᆯ사ᄅᆞ
길해맛보아어루려커
거스러좃디아니터니
노미다조차무ᄂᆡ오나
ᄅᆞᆯ옥금이면티몯홀
목ᄆᆡ야두라주

玉今。安陰人。年十七。夫死。随舅姑而居。路遇里人欲污之

拒不從。里人逼之至門。玉今知不免縊死

詩 早寡伶傳托舅姑。無端行露欲霑濡。此身尚在眞為累。一死終當地下俱

弱齡已識重彜倫。全節終然自殞身。只今尚起鄉閭敬。留與青編激後人

…금浦縣ᄉ사
ᄅᆞ미니 眞씨 戒계中듕의
ᄯᆞ리라 鄕향吏리 李리順
命명이 ᄀᆞᆯ 어칫쪄니 順
命명이 죽거늘 아ᄎᆞᆷ나
조ᄒᆞᆯ 졔ᄅᆞᆯ 보로매 親
祭졔ᄒᆞ더니 脫탈喪
ᄒᆞᆫ 어버ᅀᅵ 일훔어
수ᄅᆞᆯ 어엿비 너겨
신 얼요려 中듕媒
ᄠᅴ 約약ᄒᆞᆯ 일
를 몯ᄒᆞ면 ᄒᆞᆯ ᄌᆞᆯ 알
샹ᄒᆞ야 못ᄀᆡ라
ᄃᆞ라 주그니
히러라 나 라니
세니라

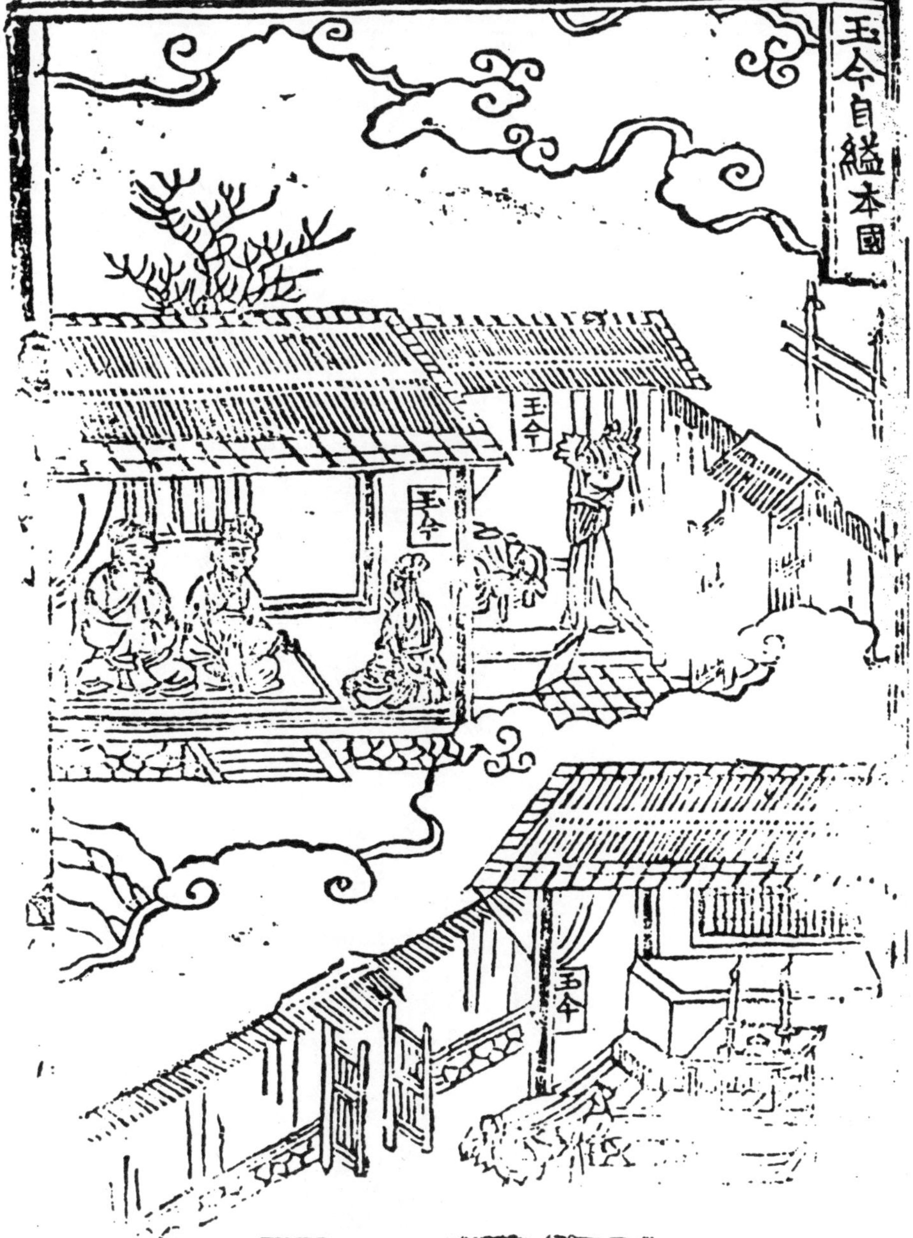

王今。揚根人。愼戒中六嫁郡支李順命。順命死夕

親奠朔望。罷關。父母憫其早孀欲改嫁。媒約已定。知可

免。沐浴更衣。自縊而死。年三十有二。弘治十三年旌閭

詩 朝夕哀號不輟聲。精禋朔望事如生。一心雖死終無

改。不要當時烈婦名 婦人從一是天彛。却恨爺孃莫

我知。浴罷振衣旋自縊。綱常千古日星垂

續三綱行實

孝子圖目錄

冊之刻銘時

戊子孟春時

續三綱行實圖

重刊本

續三綱行實孝子圖

왕듕이ᄂᆞᆫ등븍사ᄅᆞᆷ이
라집이티ᄃᆞᆨ지ᄇᆡᄒᆞ고
곤ᄋᆞᆯ오로되ᄀᆞ장효도
ᄒᆞ더니어이죽거ᄂᆞᆯ삼
년시묘ᄒᆞ야됫옷닙고
나날쥭먹오며ᄌᆞᆺ춤나
조ᄋᆞᆯ고졔ᄒᆞ여멀이벗
기와옷ᄀᆞᆯ아닙디아니
ᄒᆞ더라부덤겻티물이업
셔우물을ᄂᆡ긜나마ᄀᆞᆫ
치믈이업거ᄂᆞᆯ우믈을
횟도라절ᄒᆞ야하ᄂᆞᆯ셔
블러빈ᄯᅴ물이소사나
거ᄂᆞᆯᄆᆞ올히호ᄃᆡ흠졍
으로그러라ᄒᆞ더라홍
긔의홍운ᄲᅡ니라

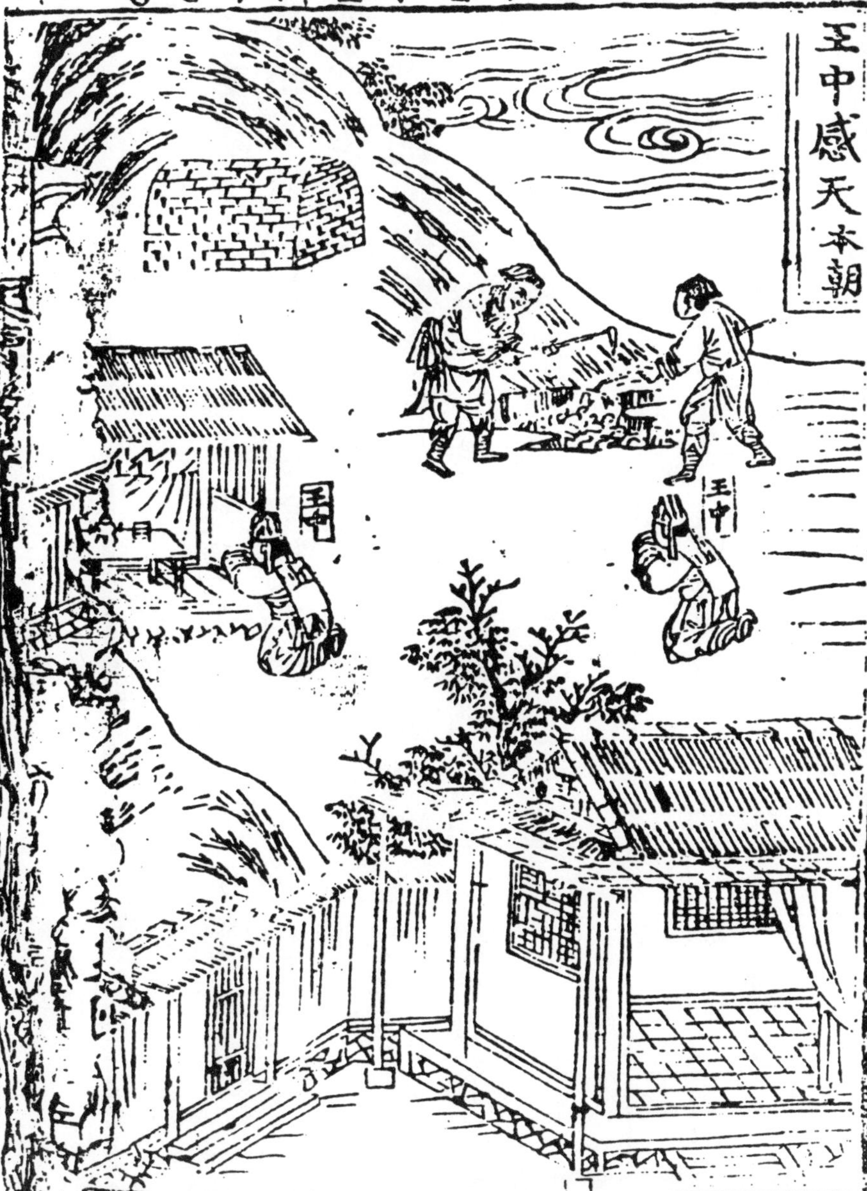

王中啓 主

被衰麻日食飦粥旦夕哭奠未嘗櫛髮解衣墓側無水汲

井四丈餘不得泉中環井再拜籲天泉乃湧出鄉里以爲

孝誠所感洪武間表其門

詩 朝晡哭奠守齋廬飦粥三年廢櫛梳純孝固知天性

耳平生不識一行書　居廬無水薦明潔掘井其如不

見泉再拜倏然波湧出至誠感能徹蒼天

쥬병이노무양사ᄅᆞᆷ이
나님이쇼시을셤기되
지극이효도ᄒᆞ야치ᄂᆞᆫ
셕옴파앗춤나조命켜
보믈테예그르디아니
터니 엄의괴병이미거
노쥬병이슬허한ᄂᆞᆯᄭᅴ
ᄒᆞᆫ어깨몸으로뒤신ᄒᆞ
아죽거지라ᄒᆞ티라엽
이ᄯᅩ놀니고기을먹고
자ᄒᆞ거ᄂᆞᆯ쥬병이소도
르엿다가못ᄒᆞ야텨우
셜워ᄒᆞ더니홀연히ᄂᆞᆯ
니제집의들어오나ᄂᆞᆯ
잡아엄이을먹이니병
이됴ᄒᆞ니라엿즈와ᄀᆞᆺᄒᆞ
[illegible]의한문채니라

周炳舞陽人事母焦氏至孝溫凊定省無違禮母嘗病[illegible]炳哀號籲天願以身代母又思獐肉炳四出求之不得悲痛愈切忽有獐入其室殺以啗母病愈事聞洪武中旌表其門

詩 病在阿孃痛在身捫心稽顙籲蒼旻有身可死兒何惜願以兒身代母親 母患沉痾欲食獐四求無得痛中腸忽然入室應神貺一獻高堂體便康

프아논ᄀᆞ쳠시ᄅᆞᆷ이라
아비효고올잇노니슈
리게죽고귀형뎨게히
홍쉬방ᄒᆞ여죽건놀됴버
아뵈원슈을갑디ᄀᆞ죵
야시ᄅᆞᆫ원순위예ᄯᅩ둘로
고소메예칼텨허니지
니슈을도ᄅᆞᆷ펴가ᄂᆞᆫ
녀죽어고고올헐둘어
가노빗츤변티아니ᄒᆞ
어닐오되아비원슈ᄅᆞᆯ
ᄒᆞ야갑표니져울니버
져라헝호뉘람이볍ᄂᆞᆫ
ᄉᆞ초어둥아울노코텨
ᄋᆞ그녀도애나가디아
ᄒᆞ거ᄂᆞᆯᄀᆞ티여집으
보드르브내니맛초아

사로면킈논고을히챠
탄ᄒᆞ야돌해사겨ᄆᆞ을
졍표ᄒᆞ니라

趙娥酒泉人父安爲同縣李壽所殺娥兄弟三人同時病
死娥自傷父讐不報乃幃車袖劒白日刺壽於都亭前徐
詣縣顏色不變曰父讐已報請受戮縣長尹嘉欲強法縱
娥娥不肯去強載還家會赦得免州郡嘆賞刊石表閭

詩 父仇未復弟兄亡子立孫娥痛自傷袖刃幃車誅甚
武都亭白日快逢塲　報仇伏法自心甘義氣磨空直
百男縣尹饒他仍會赦州閭題事入叢談

유인후ᄂᆞᆫ하양ᄉᆞᄅᆞᆷ이라나히아홉인제아비몽상니버시묘ᄒᆞ거ᄂᆞᆯ공탕대왕ᄭᅴ셔엿ᄌᆞ와홍ᄆᆞᆫ셰니라

尹仁亨河陽人年九歲遭父喪廬於墓側　恭定大王朝
事聞旌閭

詩 親亡哀毁是天彝盡禮今聞九歲兒三載結廬居墓
側孝誠如子最堪悲　孰非人子孰無親世上稀聞孝
行純況有稺兒能守塚高風百世更誰倫

강ᄒᆡᆨ이ᄯᅩ안변사ᄅᆞᆷ이
라영낙좌의아비ᄉᆡᆼ옹
야뎨쇼변을블통ᄒᆞ놀
븜이며ᄉᆞᆯ빗ᄂᆞ리고시병
ᄒᆞ야ᄉᆞᆫ조분지반내기
올네히되도록그치디
아니ᄒᆞ야대변을맛보
가됴쿠즈믈알고져ᄒᆞ
더라아비ᄯᅩᄇᆞ으름내
엿ᄉᆡ날의원이닐오되
거믈이로피ᄉᆞᆯ니면됴
ᄒᆞ리라ᄒᆞ야ᄂᆞᆯ그ᄯᅴ
아홉ᄂᆞᆫ섯ᄃᆡ니녀ᄅᆞᆷ이월
에가온고얼음을ᄯᆞᆫ더
이트대홀연히거믈리
두어히손사락애브티
니버ᄂᆞᆯ가티다가보오

ᄅᆞᆼ을머닌대아비병이
즉제됴ᄒᆞ니나히아ᄒᆞᆫ다
ᄉᆞᆺ되도록사니라엳ᄌᆞ
와홍문세니라

姜廡安邊人永樂中父淮祖嘗患便澁不通廡棄官侍病手奉溺器四年不輟至嘗糞以驗吉凶父又患癰醫云水蛭吮血可治時方寒冱廡親淵上呼泣鑿氷求之忽有水蛭數三附手指而出持以吮其癰父病卽愈壽至九十五歲事聞旌閭

詩 休官手捧溲便器甘苦安危染指知自是爲親誠感物扣氷求蛭應如期

冱寒寧料氷間蛭吮血救功父病瘥畢竟强康躋上壽一生誠孝格皇天

ᄇᆡ덕숭이ᄂᆞᆫ딘쥬사ᄅᆞᆷ
이라한산원ᄒᆞ야셔어
버이을갓초나조몯보
ᄆᆡ라ᄒᆞ야벼슬블미고
와효도을지극이ᄒᆞ더
니나히여슌둘히어미
죽거늘삼년시묘ᄒᆞᆯ제
미일갓초나조졔ᄒᆞ고
아비을와뵈오되비록
눈비와도폐티아니ᄒᆞ
티라탈상ᄒᆞ고아뵈겻
뒤벼나디아니ᄒᆞ야더
옥효양ᄒᆞ티니
강헌며ᄂᆞ리아ᄅᆞᆷ다이
녀겨술과고기와ᄲᆞᆯ주
시니ᄃᆡ아비죽거ᄂᆞᆯ또
시묘ᄒᆞ야ᄉᆞᆯ히여위여
ᄲᅧ만잇티니그제ᄐᆡᆨ승
외나히ᄇᆞᆯ흔둘히어ᄂᆞᆯ

ᄆᆞ을히호ᄃᆡ늘거셔거
상을비며도ᄒᆞ연샹ᄒᆞ
리라ᄒᆞ야말ᄂᆞᆫ대텩ᄒᆞᆸ
이울ᄀᆞ본오되아비란
원뒤우리두ᄀᆞ조삭이
집의편안히이시믈ᄎᆞ
마못ᄒᆞ리로다ᄒᆞ티라
재배닐어반ᄃᆞ시무텸
압피가울ᄀᆞ탈상ᄒᆞ고
도티옥슬히그리어버
의상비안던ᄃᆡ을보와
돈공텽호올산적ᄌᆞ티
ᄒᆞ며ᄯᅩ소당애앗ᄎᆞᆷ나
조외반ᄃᆞ시절ᄒᆞ고삭
망제와쳘신을쳘뢰아
니ᄒᆞ며일이잇서든반
ᄃᆞ시고ᄒᆞᆫ후에야힝ᄒᆞ
텨라죽거놀무아돌벼
ᄉᆞᆷ히이시ᄆᆞ무텽의비
비니라

金德崇鎭川縣人嘗宰韓山郡念定省久曠棄官而歸承
順色養至誠無怠年六十二遭母喪廬墓三年每朝夕奠
訖必定省於父雖雨雪不廢眠闕不離父側奉養彌篤
莊憲大王嘉其誠孝 特賜酒肉米父亡又廬墓哀毁骨
立時年已七十二鄕黨以衰年執喪必至傷性止之德崇
泣曰父瘞於野子安於家吾所不忍晨興必哭于墳前至
於終喪哀慕益切見父母平昔之座輒哽咽敬之如在又
於祠堂晨夕必拜朔望必祭時物必薦有事必告而後行
及其歿 命官其二子立碑於墓以旌之

詩 晨昏念切棄官歸色養平生志莫違爲母居廬仍省
父朝晡奠罷拜庭闈 父埋於野忍家居七十遭喪又
守廬哀慕終身情益切墓前碑表聳州閭

싱업한구노광쥬사ᄅᆞᆷ
이라다ᄉᆞᆺ서레아비죽
고ᄌᆞ라셔엽이쥭거ᄂᆞᆯ
아비와ᄒᆞᆫ뒤못고여ᄉᆞᆺ
ᄒᆡ을시묘ᄒᆞ되졔복벗
디아니ᄒᆞ며사오나온
밥애믈만마시ᄭᅩᄂᆞ몰
피,실파을먹디아니ᄒᆞ
고손조졔틴의차반밍
ᄀᆞᆯ며사ᄅᆞᆷ두려말ᄒᆞ쥐
니ᄀᆡ디아니ᄒᆞ야내내
ᄃᆞ리거상디내ᄭᅩᄒᆞ번
도집의가디아니ᄒᆞ니
라졍릉쥐ᄀᆡ의연ᄌᆞ와ᄂᆞᆯ
홍문셰니라.

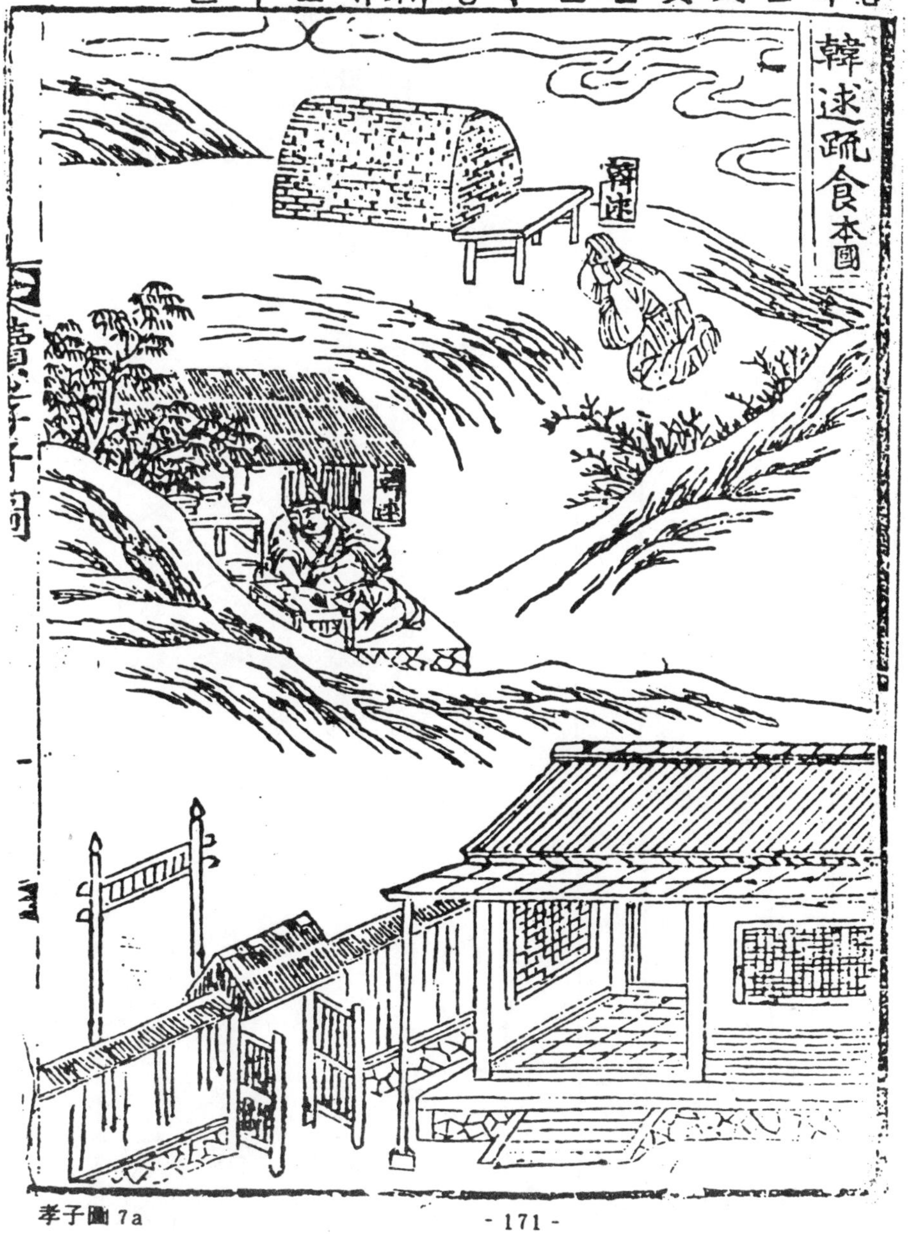

生負韓逑廣州人五歲父歿及長喪母合葬父墓居廬六年不脫經帶蔬食水飲不食菜菓躬執奠饌與人言未嘗啓齒泣血終喪一不到家正統中事聞旌閭

詩 五歲孤兒長益悲前喪追稅後喪時六年泣血居廬者千百人中僅有之 更堪扶柩合先塋血淚三年一倍并菜菓辟来過半紀只將蔬食取延生

안징명이는창평사ᄅᆞᆷ
어ᄅᆡ아뷔거상닙어시
고삼년살며ᄂᆞ본ᄆᆡ싣
긔을먹디아니ᄒᆞ며술
히홈울녜예너무ᄒᆞ더
리엄이오래병드러머
리빗더곳ᄒᆞ여니하무
러ᄇᆞ려워셜려ᄒᆞ거ᄂᆞᆯ
졈병이제머리을플어
엄의머리에다혀그니
울올마오ᄅᆡᆨ긍터니㐌
뼝의도주좀을알고져
ᄒᆞ여대변을맛보티니
죽거ᄂᆞᆯ시묘살며술히
홀을몬쳐거항ᄀᆞ티ᄒᆞ
더라

安正命昌平縣人嘗居父喪廬墓三年不食菜菓哀毁過
禮母病沉綿久廢梳櫛苦蝨繁癢悶正命欲分癢散其髮
承接母首以分其蝨又嘗糞以驗吉凶及歿守墓哀慕一
如前喪

詩 吾親遺體即吾躳疾痛初無彼此殊散髮爲分蟣蝨
癢一生誠孝激頑夫　父亡哀慕爲居廬骨立三年斷
菓蔬母病又能嘗糞驗執喪悲瘁一如初

박연슈ᄂᆞᆫ녕산사ᄅᆞᆷ이
나나ᄒᆡ열네힌제아비
좃차뫼해가나모뷔히
고밧밍ᄀᆞ더니아비범
의게자피여가거ᄂᆞᆯ연
슈왼손으로아븨발잡
고올ᄒᆞᆫ손으로낫ᄋᆞᆯ휫
두르며범ᄋᆞᆯ텨히고미
좃차텨이여두번부나
가아비ᄂᆞᆫ뎨ᄅᆞᆯ아사오
나놀병태ᄅᆞᆯᄒᆡ예홈ᄋᆞᆫ
케니라

朴延守靈山人年十四歲隨其父入山谷伐木爲田其父爲虎所攫延守左手執父足右手揮鎌刼虎追曳殆百步許得父屍而還景泰乙亥旌表門閭

詩

髫年隨父入山深叵耐於菟稔禍心倉卒嚴親遭搏噬誓將讎血濺平林

揮鎌追走自忘生猛獸猶知避烈誠畢竟得屍歸到室鄉閭千古樹風聲

극일이ᄂᆞᆫ김ᄒᆡ사ᄅᆞᆷ
이라셩이지극히孝도
ᄅᆞᆸ더니엄이위ᄒᆞ야브
스름ᄲᆞᆯ며아비위ᄒᆞ야
糞변을맛보며시묘ᄅᆞᆯ
여ᄉᆞᆺ히ᄅᆞᆯ사더니범이
후뎡其ᄐᆡ와사셔치거
ᄂᆞᆯ稱ᄒᆞ고무로온거ᄉᆞᆯ
주어먹이되집즘셩치
ᄃᆞᆺᄒᆞ더라아비쳡ᄃᆞᆯ히
이ᄉᆞᆫ나셥기되아비사
랑이실ᄒᆞᆫ곳티ᄒᆞ더니
죽서ᄂᆞᆯ라거ᄃᆞ거상닙
으니라旌門갑신에ᄯᅩ
소간食齊ᄒᆞ시니라

金克一金海人性至孝爲母吮疽爲父嘗糞前後廬墓六年有鳥乳於墓傍取祭餘飼之如養家畜父有賤妾二人事之如父生時及死並服期年天順甲申事聞旌門

詩

六年廬墓孝心純　墓側終教乳鳥馴
吮疽嘗糞神明鑑　異類還能感至仁
愛父深情久不衰　推誠諸母服喪期
天教馴鳥彰純孝　萬古彝倫作範規

냥욱이노산옹사ᄅᆞᆷ이
라부모위ᄒᆞ야여ᄉᆞᆺᄒᆡ
시묘사더니ᄒᆞᆫ파ᄅᆞᆯ
지어무덤멍마티내ᄒᆞ
ᄂᆞᆫ밤의논무덤뒤헤울
에ᄭᅩᆺ토소리잇거ᄂᆞᆯ보
니큰범이ᄯᅡ흘벗독되
고큰울셰흘우딤ᄒᆞ내
가우리오니사ᄅᆞᆷ이ᄒᆞ
되효셩을감동ᄒᆞ야그
리라ᄒᆞ더라엿ᄌᆞ와홍
문ᄭᅵ고벼술히이시니
라

梁郁感虎本國

梁郁山陰人為父母廬墓六年嘗擔土負石營其墓一夜墓後有聲如雷見大石擴地轉三大石至墓側人以為孝感所致事聞旌閭賞職

詩 擔土營墳最可哀山中一夜響如雷由来至孝多奇應猛獸能移大石来

轉石傳奇古絕倫於兹猶識孝誠純光陰奄忽情何盡前後居廬六過春

별시위황신지ᄂᆞᆫ고읍
사ᄅᆞᆷ이라효셩이지극
ᄒᆞ더니엄이나히늙고
아홈인ᄭᅴ병이더러긔
절ᄒᆞ거ᄂᆞᆯ신지안아셔
하ᄂᆞᆯ을브르고목숨을
빌며삼일만의다시사
라셔열ᄒᆞᆫ헤만의죽거
ᄂᆞᆯᄉᆞᆼ장졔뎐을뎡셩으
로ᄒᆞ야죵신토록ᄒᆞᆫ대
ᄒᆞ다니엿ᄌᆞ와ᄂᆞᆯ두번
벼슬ᄒᆞ이시되오디아
니ᄒᆞ니라

別侍衛黃信之高城人孝誠純至母年七十九疾革氣絶信之抱持號天乞命至三日乃甦後十一年而歿葬祭盡誠哀慕終身事聞再授官不至

詩 慈母年深病不痊抱屍三日但號天純誠默禱蒼蒼感餘命還延十一年

母病號天死更生自然純孝格神明盡誠喪祭終身慕豈是區區爲爵名

고방셰ᄂᆞᆫ셩쥬시ᄅᆞᆷ이라어버의거상올니어넙고ᄯᅩ하나븨거상올닙이아홉ᄒᆡ올시묘사다ᄒᆞᆫ번도집의오디아니ᄒᆞ티니볏ᄉᆞ와놀ᄅᆞ문셰니라

金邦啓星州人連遭父母喪又代祖父喪凡九年廬墓一不到家事聞旌閭

詩 連哭爺孃祖又亡結廬墳側九星霜終喪不踏還家路留得聲名萬古芳　一心純孝揭彝倫至性應知出衆人名徹九重蒙奬義窮閭樹表赫千春

병옥낭이ᄂᆞᆫ심가시ᄅᆞᆷ
이라하양현감ᄒᆞ엿더
니텬셩이지극히효도
도와벼슬ᄃᆞᆯ고본향의
가엄이을효양ᄒᆞ더니
엄이죽거ᄂᆞᆯ손소장ᄒᆞ며
졔ᄉᆞ을녜로새ᄒᆞ며ᄉᆞ
당애앗ᄎᆞᆷ나조뫼졔호
을죽도록ᄒᆞ니ᄉᆞ당겻
틔흰대ᄎᆞᆷ나무닐곱뒤
홀연이나거ᄂᆞᆯ사름이
닐오되효셩으로그러
다ᄒᆞ더라

鄭王良三嘉人仕為河陽縣監性至孝棄官歸鄉里奉養其母母歿葬祭以禮家廟朝夕上食終其身廟傍忽生白棗七株人以為孝感

詩 謝官歸報母恩深一事存亡罕古今沒齒長勤朝夕供祠遑異木白森森

天公皂白太分明廟樹應知感至誠生養死喪猶未足饗飱沒世罄餘情

금지ᄂᆞᆫ진쥬 ᄂᆞ의ᄉᆞ
리라나히열들헌제엽
이조차뫼ᄯᅡ티가기옴
ᄆᆡ다가엄이범의게잡
ᄯᅧ여놀금지호손으로
입이잡고호손으로흙
믜을잡아범을티여ᄆᆞ
장블의지지고뵈보나
가니범이ᄇᆞ리고가거
놀주검을집의가져다
가두고새도록안아셔
울고옷솝ᄑᆞ라관을사
우드니라연ᄌᆞ와놀옹
문셰나라

今之晉州民女年十二從母往鋤山田母爲虎所攫今之一手執母一手執鋤撲虎大呼至百步許虎乃去收屍置其家徹夜抱哭賣衣買棺而葬事聞旌閭

詩 暴虎曾聞古所危女兒十二况能玆一呼倉卒回擒惡始信至誠天易知　稟得乾坤正氣全盡於哀禮在髫年憑玆可卜終身事堪恨時無野史傳

뎐한노노ᄂᆞᆫ뎡사ᄅᆞᆷ이
라나히아홉인제아비
ᄀᆡ질을어더놀한뇌대
변을맛보더니죽거ᄂᆞᆯ
삼뎐시묘ᄒᆞ고소금파
ᄂᆞ믈을먹디아니ᄒᆞ더
라열세헤엄이죽거ᄂᆞᆯ
ᄯᅩᄒᆞᆫᄀᆞᆺ티ᄒᆞ더니ᄂᆞᆺ조
라ᄂᆞᆯ벼ᄉᆞᆯᄒᆞ이시니라

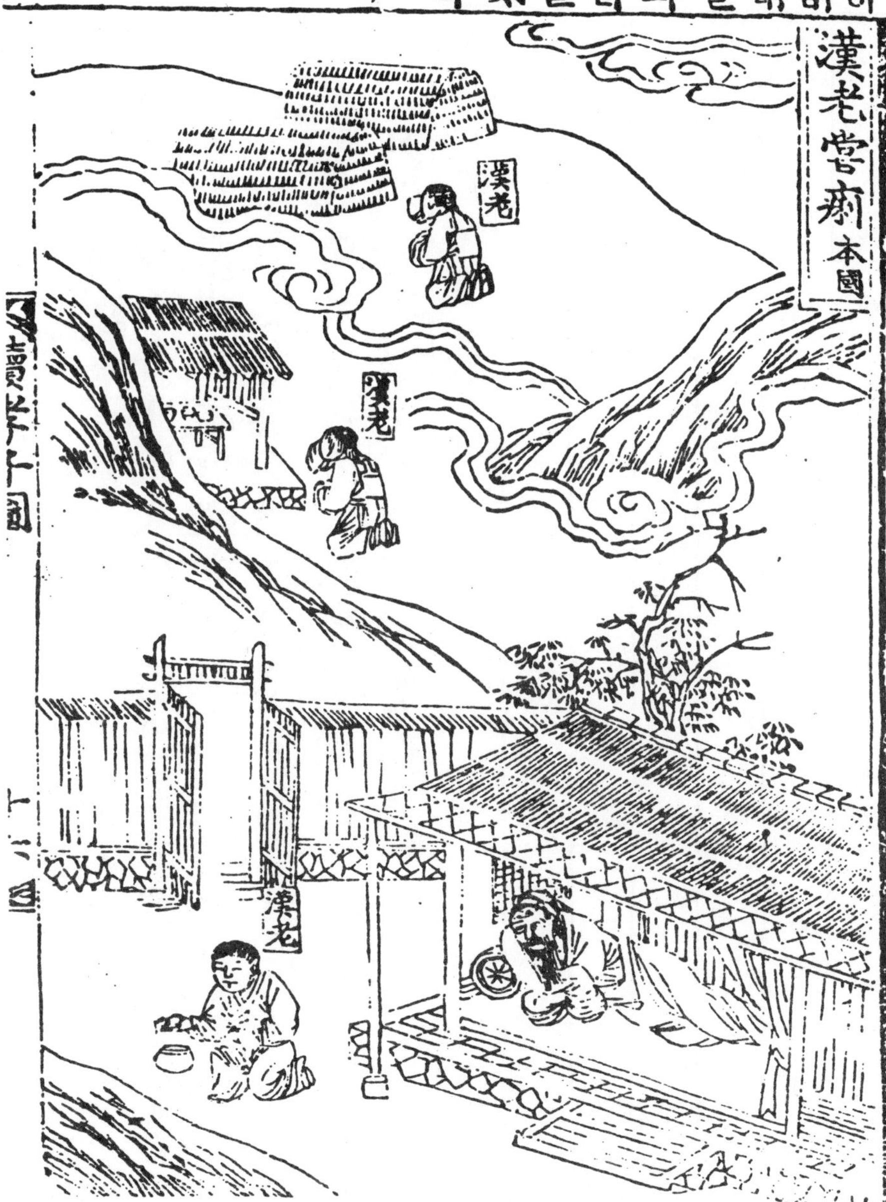

續三綱行實圖 上 二

田漢老石城人年九歲父得泄痢漢老嘗糞及歿廬墓三年不食鹽菜十三歲母歿亦如之事聞特授司勇

詩 父兮嬰疾療無方悶默兒誠取糞嘗忽抱終天成毀瘠髫年廬墓更堪傷　除喪未幾又罹憂前後居廬六過秋懿行正堪光孝理授官應為激頑婾

녹년이ᄂᆞᆫ거챵사ᄅᆞᆷ
이라나히아홉인제아
비사오나온병어더ᄂᆞᆯ
손ᄉᆞ락을버혀약에섯
거머기니병이됴ᄒᆞ니
라엿ᄌᆞ와ᄂᆞᆯ홍문셰니
라

李祿連居昌人年九歲父得惡疾斷手指和藥以進病愈
事聞旌閭

詩 髫齔兒童未有知父罹惡疾苦難醫將刀割指和羹
進便覺沉痾忽爾離 雖云愛父是良知幼有純誠即
最奇療疾莫言由藥力神明應感九齡兒

감음이ᄂᆞᆫ 쳥ᄒᆞᆫ 사ᄅᆞᆷ이
고 셤듕에셔 블이나 졔
집이 니어 븟거ᄂᆞᆯ 아비
병ᄒᆞ야 닐어나디 몯ᄒᆞ
티니 을시 블에 두라ᄆᆞ
려가 아비 업어 내다가
부쳐 블에 다 죽으니라
엇ᄌᆞ와 논밧 주시고 홍
문 셰니라

金乙時昌城人[illegible]中失火延及其家父病不能起乙時直入火焰中負父而出父子觸火俱死事聞 賜粟旌閭

詩

祝融回祿遷流殃父病倉皇未下床直觸欝攸扶負出力窮同斃事堪傷

烈焰人知不可干天倫情至赴無難扶携父子甘同命此事令從畫上看

박운이논챵녕사름이
라나히열네히오졔아
오운산이노나히져고
이러니졔아비범의게
자피여가거놀박운이
노챠근도치가지고운
산이와범을뜰와삼십
여보을나가며하놀을
불오며하눌대범이부
러거놀박운이노주검
을져고운산이노도처
가지고조챠오니라엿
조와눌흥문셰니라

朴云吕寧人 年十四其弟云山年八其父為虎所攬云持小斧與云山追至三十餘步呼天大哭虎乃棄之云負屍云山執斧以隨事聞旌閭

詩 郎罷蒼黃虎攬傷兩兒呼叫逐奔忙弟隨執斧兄扶負死骨終歸地下藏　大兒十四小才八　義氣堪居遐踦前力拒於菟救々奚凜然餘烈照青編

젼ᄉᆞ용이노평읍사ᄅᆞᆷ
이라나히열둘헤어미
죽거ᄂᆞᆯᄒᆞᆰ이며돌ᄒᆞᆯ지
여무덤ᄆᆡᆼᄀᆞ더니엿ᄌᆞ
와ᄂᆞᆯ홍운셰니라

全思用井邑人年十二母歿擔土石成墳事聞旌閭

詩 膝下孤兒仰母慈母亡其奈棄如遺子子兒身躬擔土至今聞者不勝悲 人生自有愛親心擔土如渠孝更深聞風可使頑夫立畫上新編照古今

구귀손이ᄂᆞᆫ셤안이니
미셩부ᄉᆞ희셔사더니
셔머셔엄이죽엇ᄂᆞᆫ디
라ᄌᆞ라ᄉᆞᆯ허그려신쥬
을밍ᄀᆞ라두고아ᄎᆞᆷ나
죠졔ᄒᆞ더라아비와ᄒᆞᆺ
입이셤기되ᄆᆞ장효도
ᄒᆞ더니아비죵긔를내
여ᄆᆞ장셜워ᄒᆞ거ᄂᆞᆯ귀
손이ᄲᆞ니됴ᄒᆞ니라후
에죽거ᄂᆞᆯ시묘ᄒᆞ며미
일앗ᄎᆞᆷ나조졔ᄒᆞᆫ후에
졔ᄆᆞ을가뵈고먹을거
ᄉᆞᆯ슯퍼보고텨막으로
도라가더니일이ᄒᆞᆯ믈
삼년을곳치디아니ᄒᆞ
더라엳ᄌᆞ와뇨ᄒᆞ옴을셰

고복ᄒᆞ시니라

金龜孫賤隷也居開城府幼失母旣長哀慕作主朝夕祭
之事父及後母盡孝父嘗患腫甚苦龜孫吮之得愈及歿
廬於墓側每朝夕奠罷來省繼母審視饌具還其廬如是
三年不輟事聞旌閭復戶

覺與年俱念母劬追哀作主奉昕晡吮癰醫父救奇
効賤隷如渠更有無　父歿居廬擬士喪饔飧日上閒
三霜孝誠隨處渾無缺奠罷歸來省後孃

최슉함이ᄂᆞᆫ간산사ᄅᆞᆷ
이라함열ᄯᆞ희셔사ᄃᆡ
이큰시병에엄의병이
ᄂᆞᄐᆡ셔놈아비와형과
아ᄋᆞ들흔다피졉나ᄀᆞ
슉함이혼자시병ᄒᆞ며
엄의대변을맛보매ᄡᅳ
ᄃᆞ니파연병이됴ᄒᆞ니
ᄅᆞ후에엄이죽거ᄂᆞᆯ아
비조식의게ᄐᆡ디노비
을ᄂᆞᆫ화주려ᄒᆞᆫ대슉함
이ᄂᆞᆫ다사오나온밧과
늘근죵을제목의내고
그남은날ᄂᆞᆫ형뎨를주
대ᄆᆞ을사ᄅᆞᆷ이닐오ᄃᆡ
네유검누와셜포의힝
실을쳔지예올어ᄃᆞ니

ᄒᆞ믈며효ᄌᆞ사ᄅᆞᆷ이ᄀᆞᆯᄒᆞᆯ
셔ᄒᆞ더라

崔叔咸稷山人居咸悅嘗大疫母疾篤父兄諸弟皆避叔咸獨侍藥嘗母糞而苦母果愈後母歿父欲分與子女土田臧獲叔咸皆占塉薄老衰者餘皆推與兄弟鄕人稱之曰庾黔婁薛包之行千載景仰况一人兼之者乎

詩 自視吾身母所遺忍因疫癘敢違離孜孜湯藥仍嘗糞精感神明病自醫　純孝堪嗟等庾黔分財又似薛包廉二人千載俱超卓何況君身却兩兼

우윤문이ᄂᆞᆫ 죠쥬사ᄅᆞᆷ
이라 부모의 거상 닙어
여ᄉᆞᆺ ᄒᆡ를 시묘ᄒᆞ여 슬
ᄒᆔ 더위여 ᄡᅢ 반이 셔병
ᄃᆞ렷셔니 탈상ᄒᆞᆫ 후 어
버의 얼구를 그려 두고
ᄭᆞᆺ츙나 조뢰 졔ᄒᆞ야 텽
셩이 지극ᄒᆞ여 세길 ᄀᆞᆷ
니엽더니 엿ᄌᆞ와 ᄂᆞᆯ홈
졍셰고 표장ᄒᆞ시니라

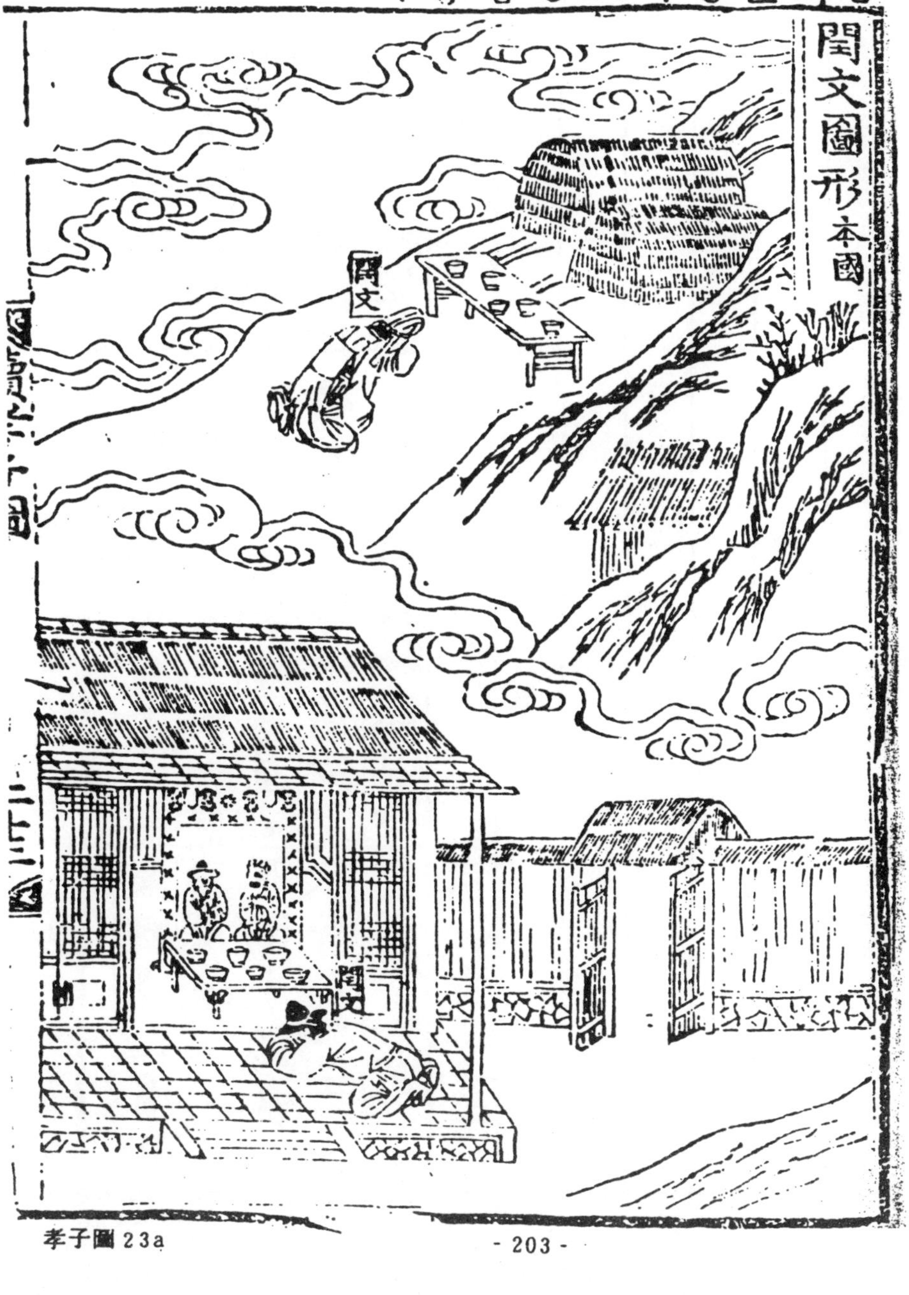

卜閏文全州人居父母喪前後廬墓六年哀毁過禮骨立

成疾喪畢圖父母形朝夕上食至誠無怠事聞表異

詩 毁哀毁瘠歎煢煢六載居廬罄至誠服闋未堪追慕

切為圖儀像巽思成　永離怙恃泣旻天骨立羸然疾

病纏肖像朝晡供饍食思親終始此心專

남누인이노동니실음
이라나히쉬머셔아비
죽거놀졉이관난호되
임이효양흠올지극히
ᄒᆞ터니엄이죽거놀시
묘삼년산후에아비올
엄의분묫ᄀᆞ티천장ᄒᆞ
고ᄯᅩ삼년시묘ᄒᆞ니대
뵈거싱을아홉히ᄅᆞ덥
으니라맛초와히줄며
부산개예예노들이ᄒᆞ
려나와도적ᄒᆞ다가득
인이시묘막애와보고
그림셩된효도올감격
ᄒᆞ야치탄ᄒᆞ오관후에
잇다감미육파빨파향
을가져다가주티라

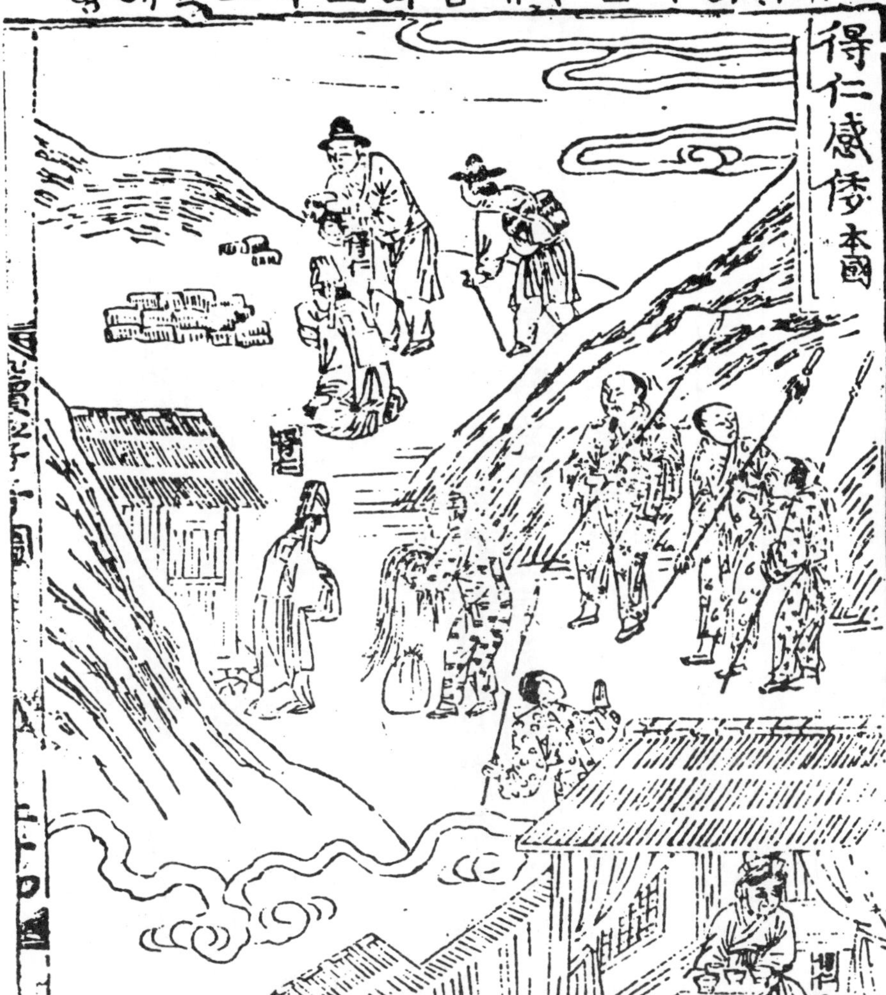

강뎡대왕됴에벼슬ᄒᆞ
이시니라

金得仁東萊縣人幼年喪父家貧養母至孝母歿廬墓三年後遷其父墓于母塋又居三年前後居喪九年值年飢釜山浦倭奴四散剽掠猝至得仁廬感其誠孝嗟嘆而去後以海菜米香遺之 康靖大王三年特授豊儲倉副奉事

詩 喪父惸惸奉母親慈顏見背更誰因仍遷舊冢同塋葬九載居廬備苦辛 海寇過廬遺米香固應純孝服頑強聲名上徹宸旒聽積善終然荷寵光

히우명이ᄂᆞᆫ진쥬사ᄅᆞᆷ
이니텽의령하연의마
돌이라인쳔고을ᄯᆞ소
시산알에셔사터니엄
이을지극히효도ᄒᆞ다
가죽거ᄂᆞᆯ시묘ᄒᆞ야친
히나무지여졔을밍ᄀᆞ
터니거상ᄆᆞᆾ은후에영
당짓ᄯᅩ상그려두고믈
뒷시질거시어든반ᄃᆞ
시몬져졔ᄒᆞ고효셩이
지극ᄒᆞ더라옛ᄌᆞ와ᄂᆞᆯ
홍문셰고복호ᄒᆞ시니
귀죵ᄂᆡ벼슬을동리ᄒᆞᆷ
휴부ᄉᆞᄆᆞ지ᄒᆞ니라

河友明晉州人領議政演之子居仁川府蘇來山下事姑
李氏至孝及歿廬墓親負薪供祭喪畢造影堂亢節物必
先薦孝誠純篤事聞旌閭復户官至同知中樞府事

詩 孝心純至早知名母歿居廬若事生門闕未應無僕
後負薪但欲盡吾誠　服終追慕耿難忘想像儀容立
影堂隨節薦新誠孝篤至今青史永流芳

경연이고령쥬사ᄅᆞᆷ이
라셩이지극효도ᄒᆞ더
니아비병이이셔ᄆᆞ쟝
치위예싱션올먹고져
ᄒᆞ거ᄂᆞᆯ경연이ᄀᆞ올가
지ᄀᆞ을에들어니어ᄅᆞᆷ
흘어터먹인대병이됴
ᄒᆞ니라후에냥한이죽
거ᄂᆞᆯ시묘ᄅᆞᆯ여ᄉᆞᆺᄒᆡᄅᆞᆯ
ᄒᆞ되졔ᄉᆞ을가ᄇᆡ대로
ᄒᆞ며계집으로터브러
친히ᄋᆞᆷᄀᆞ라졔ᄒᆞ더니
ᄆᆞ올히다감화ᄒᆞ더라
공졍대왕이들으시고
격마로불러보시고어
더다ᄒᆞ샤각별이세각
조두어ᄉᆞ지쥬부ᄒᆞ이

孝子圖 二十六

사다올애다아뷔셔니
산현감ᄒᆞ니향니며빅
셩이귀히ᄒᆞ고ᄉᆞ랑ᄒᆞ
더니죽거ᄂᆞᆯᄀᆞ올사ᄅᆞᆷ
이상ᄉᆞ애ᄡᅳᆯ것기ᄅᆞᆷ과
ᄡᆞᆯ을모하주거ᄂᆞᆯ계집
이닐오ᄃᆡ엇디내남진
의쳥덕을더러이료ᄒᆞ
고다받디아니ᄒᆞ니라

慶延清州人性至孝其父有疾隆寒思食鮮魚延持網入水得二鯉以進病愈後二親歿廬墓前後六年奉祭祀一依家禮與其妻手自割烹隣里皆化。 康靖大王聞召見於宣政殿慰獎之特陞四資拜司宰監主簿未幾出爲尼山縣監吏民畏愛及卒邑人備葬需油蜜以遺其妻妻曰何最累吾夫清德皆不受

詩 王祥之後有斯人凍網連登兩錦鱗六載居廬誠禮盡一鄉歸厚自吾身

九重召對寵無倫百里仍紆墨綬新死後絲毫終不受一家清德更夫人

됴금이ᄂᆞᆫ츈쳔고올역
ᄌᆡ라져믄제브티어버
이셤기ᄆᆞᆯᄀᆞ장효도ᄒᆞ
아ᄂᆞᆷ이됴ᄒᆞᆫ음식을주
어든반ᄃᆞ시품어다가
이밧티니ᄌᆞ라ᄂᆞᆫ뎡일
이어든반ᄃᆞ시ᄆᆞ올열
운을쳥ᄒᆞ야다가어버
의게헌슈ᄒᆞ티니아비
나히닐흔둘헤죽거ᄂᆞᆯ
됴금이슬허호올톄에
니모ᄒᆞ티라엄이늘거
ᄌᆡ거을못ᄒᆞ거ᄂᆞᆯ됴금
이것티ᄯᅥ나디아니ᄒᆞ
야ᄲᅧ븟트러닐며누이
면친히음식ᄆᆡᆼ그로되
반ᄃᆞ시맛보거시잇게

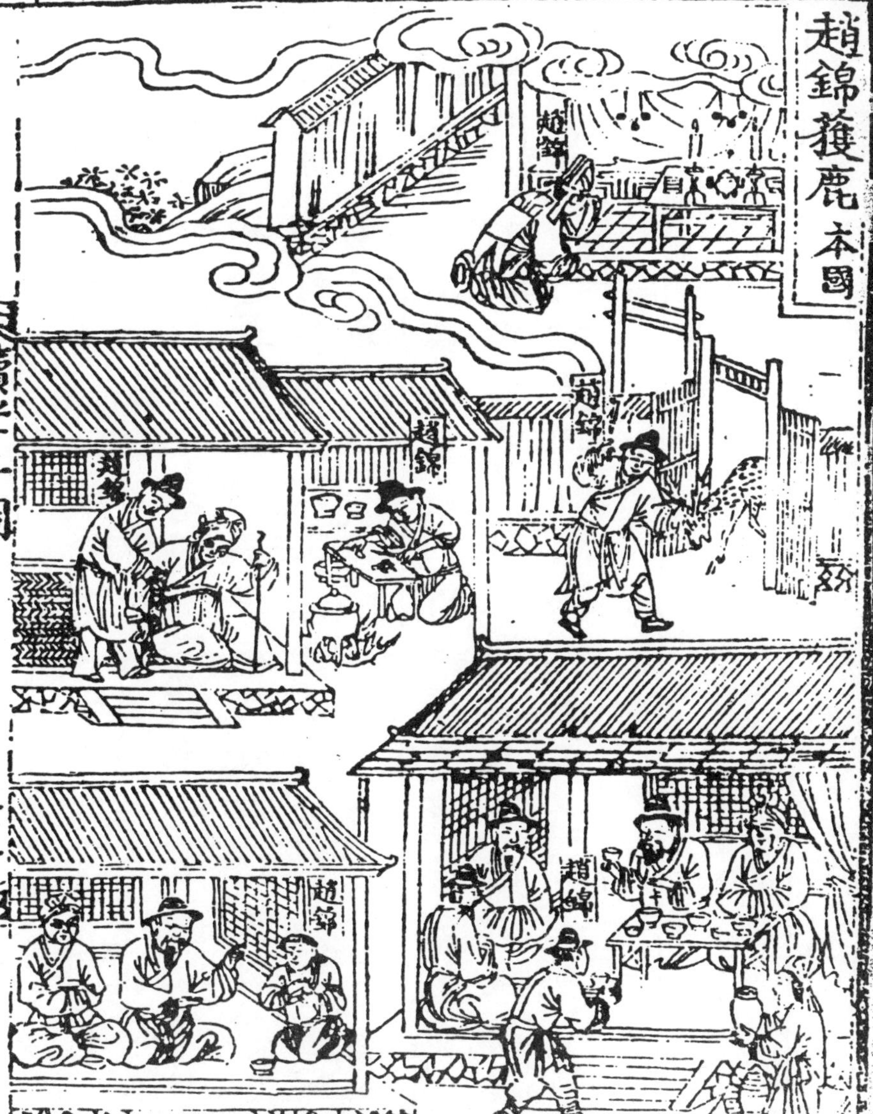

續孝子圖 二十二

ᄒᆞ더니ᄒᆞᆫ번노헌샹호
려ᄒᆞ니맛초아사ᄉᆞᆷ이
문의들어늘잡아ᄡᆞ니
라셩화직의홍문셰고
복호ᄒᆞ시니다

趙錦春川府富昌驛吏也自幼事親至孝人遺異味必懷而獻之及壯節日必上壽邀鄉黨父老以助歡父年七十二而歿錦哀毁過禮母老不能起居錦不離側扶持起卧親執饌具必有甘旨嘗欲上壽忽有鹿至門獲以供之成化十一年旌門復户

詩 為供甘旨奉晨昏節日開筵薦壽尊一念自然能感物門前有獸忽來奔　純孝終身慕未衰從來誠感亦天知驀然野鹿來投死政是高堂上壽時

셔만이ᄂᆞᆫ목쳔사ᄅᆞᆷ이
라아비ᄅᆞᆯ셤기되ᄆᆞ장
효도ᄒᆞ야미양죠ᄒᆞᆫ
어든반ᄃᆞ시술과차반
을쟝만ᄒᆞ야이밧티라
아비병어더셔믈고기
먹고져ᄒᆞ더니비야호
로치온취기어ᄂᆞᆯ셔만
이얼음을두들이고하
ᄂᆞᆯᄭᅴ비니고기네히ᄯᅱ
여나거ᄂᆞᆯ가져와먹이
니병이즉재됴ᄒᆞ니라
후에아비죽거ᄂᆞᆯ삼년
시묘ᄒᆞ며소조뎨ᄅᆞᆯ올
렴ᄒᆞ고ᄒᆞᆫ번도제집의
오다아니ᄒᆞ더라셩화
경ᄌᆞ애엿ᄌᆞ와ᄂᆞᆯ벼ᄉᆞᆯ

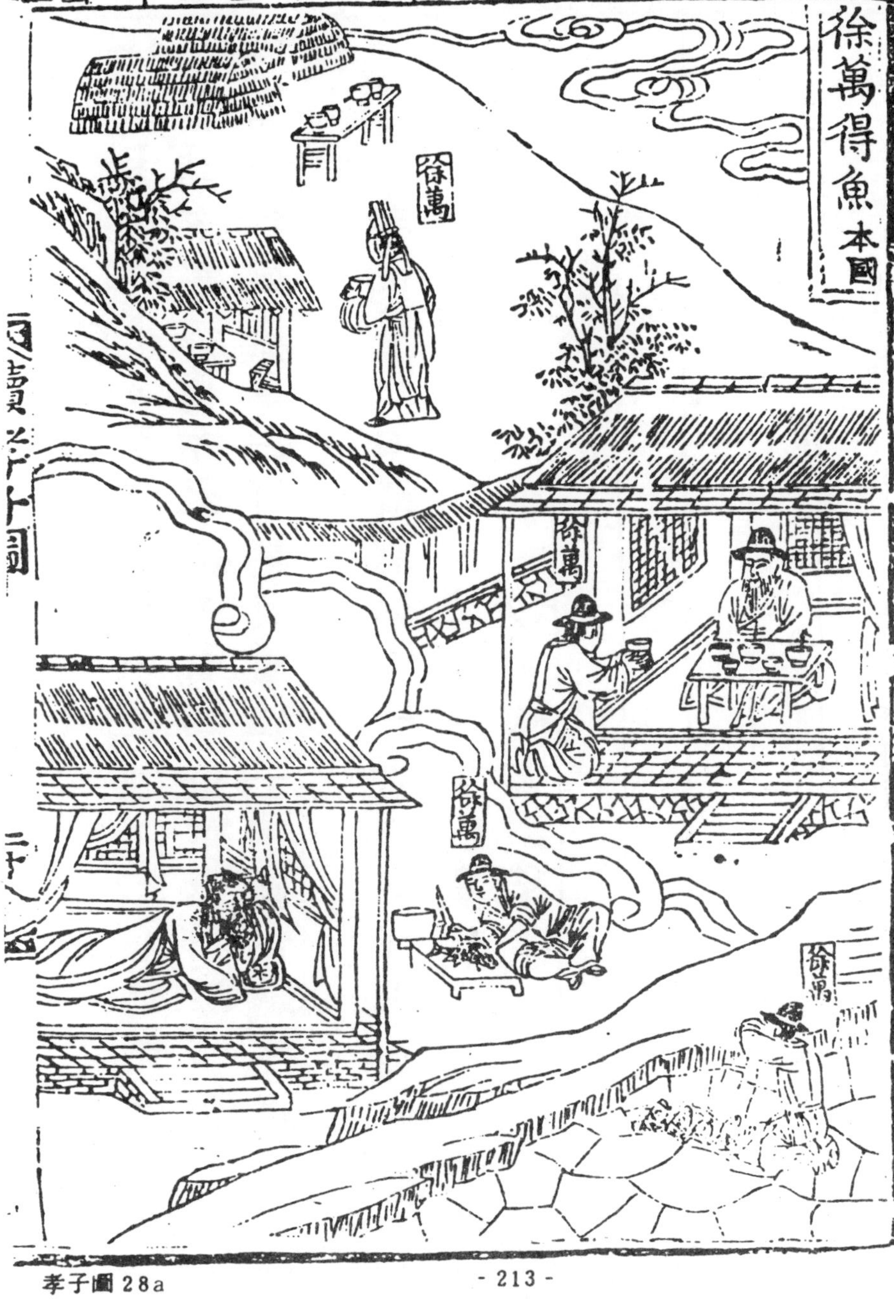

ᄂᆞᆼ이기사니라

徐萬末川人事父至孝月朔必具酒饌以奉父嘗得疾欲食魚時方寒沍萬叩氷祝天有四魚躍出持還以進父病即愈後父歿廬墓三年躬具奠饌一不至家成化庚子事聞命授官

詩 孝養何曾一日衰微軀方寸有天知叩氷忽有寒魚躍父病寧須藥石治

生盡誠衷歿盡哀居廬三載絶歸來親調奠饌供朝夕忽有除書到草菜

응뎡강옹령이는진쥬
사ᄅᆞᆷ이니듕츄강의의
아ᄃᆞᆯ이라나히열닐곱
에엄이병ᄒᆞ야두어ᄃᆞᆯ
을료티아니ᄒᆞ고아비
도복질ᄒᆞ엿거ᄂᆞᆯ응뎡
이미양시병ᄒᆞ여옷님
고ᄯᅴ벗디아니ᄒᆞ야대
도록자디아니ᄒᆞ고대
변을맛보며향픠오고
하ᄂᆞᆯᄭᅴ빌오되어버의
갑새죽가지라ᄒᆞ더라
부뫼니어죽거ᄂᆞᆯ시묘
을다솟히ᄒᆞ고술파칠
파와ᄂᆞ물소곰을먹디
아니ᄒᆞ고녀무슬허ᄒᆞ
야막대딥고야니러나

엇ᄌᆞ와ᄂᆞᆯ 홍문셰니라

生員姜應貞晉州人中樞毅之子年十七母遘疾數月不
痊父又患痢應貞常侍藥衣不解帶達曙不寐取糞嘗之
焚香禱天請以身代及父母相繼而歿廬墓凡五年不食
酒果鹽菜哀毁過禮杖而後起事聞旌閭

詩 遑遑侍藥日焦煎脅不霑床夜不眠稽首禱天天儻
許將身代父入黃泉　雙親連逝可如何五載山廬不
到家酒醬菜鹽都不食古來純孝孰能加

우즁손이노동ㅅ하니
셕근의아ᄃᆞᆯ이ᄃᆡ니히
열ᄒᆞ오나인제아비사오
나온병을어ᄃᆡ놀케손
싀약을버혀약에섯거
머인대아비병이됴ᄒᆞ
니라엳ᄌᆞ와놀옵문세
고뎐여ᄀᆞ우니라

王從孫東萊縣吏石根之子年十一父得惡疾自斷手指和藥以進父疾乃瘳事聞旌閭免役

詩 斷指髫童孝性純唯知有父不知身誠感自能醫父疾豈徒方藥驗如神 一指之傷痛豈堪兒能自斷若心甘誠深不恤兒身點世有忘親亦小慚

제ᄉᆞ군주평이ᄂᆞᆫ풍니
사ᄅᆞᆷ이라제아비눈을
몯보거ᄂᆞᆯ나며들제미
양븟들며음식을반ᄃᆞ
시친히이받티니어버
이두날ᄉᆞ이에니어죽
거ᄂᆞᆯ삼년시묘살고엄
이위ᄒᆞ야ᄯᅩ삼년거상
닙으니타ᄉᆞ당애앗ᄎᆞᆷ
나조ᄒᆡ톄ᄒᆞ며나갈제
ᄭᅳᄒᆞ고도라와뵈요을
ᄒᆞᆫ졔ᄀᆞ티ᄒᆞ티라흥티
거미예엿ᄌᆞ와놀홍문
셰니라

進士權得平豊基人其父失明出入常扶持飮食必親奉父母數日連逝居廬三年爲母又服齊衰三年家廟朝夕上食出告反面如生時弘治巳未事聞旌閭

詩　父喪其明痛莫醫尋常出入輒扶持平居食飮皆親奉猶恐斯須子職虧　旬日雙親疊見違叫生無路報春暉六載守廬心尚歉朝晡家廟薦甘肥

승지텽셥곤이ᄂᆞᆫ진쥬
사ᄅᆞᆷ이라디듐취부ᄉᆞ
뎡혁의아ᄃᆞᆯ이라뎌머
셔급톄ᄒᆞ야뎔개잇고
본셩이ᄃᆡ극히효도ᄅᆞᆸ
더니부뫼죽거ᄂᆞᆯ좌슈
ᄡᅡ해뭇고시묘살며슬
허홈울테다이ᄒᆞ야앗
좀나조졔믈을친히잉
그라비록긔믈싯기라
도종을맛티다아니ᄒᆞ
티ᄂᆞᆫ후에벼슬ᄒᆞ야비
록이ᄅᆞᄒᆡ겨들업셔도미
양작망애반ᄃᆞ시무덤
의가뵈고ᄡᅳ러질ᄒᆞ며
친히음식밍ᄀᆞ라졔믈
올살케ᄒᆞ티ᄒᆞ야죽도

鄭門世孝 本國

續孝子圖 三十二

록게을이아니ᄒᆞ더니
ᄯᅢ
강졍대왕을위ᄒᆞ와심
상삼년ᄒᆞᆫ대사ᄅᆞᆷ이닐
오되튱과효다ᄀᆞᆺ다ᄒᆞ
더라홍티갑ᄌᆞ애연산
군이거즛힝실이라ᄒᆞ
시고죽이신대아ᄃᆞᆯ쥬
신이그ᄢᅴ의승문박ᄉᆞ
러니아비죄업시죽은
줄을셜이너겨가ᄉᆞᆷ두
들여울고음식을아니
먹고죽으니들은사ᄅᆞᆷ
이다셜워ᄒᆞ더라금
샹이즉위ᄒᆞ샤뎡셥ᄒᆞᆫ
믈륜ᄯᅳᆺᄒᆞ여벼슬ᄒᆞ이
ᄒᆞ고졍문셰니라

承旨鄭誠謹晉州人知中樞府事陟之子少登第有節操
天性至孝父母歿合葬于廣州廬墓終喪哀毁盡禮朝夕
必親具奠饌雖滌器之微不委僮僕後爲官雖務劇每遇
朔望必詣墓省掃親執饌供祭一如在廬時終身不怠又
爲 康靖大王心喪三年人謂忠孝两全燕山甲子以爲
詭行殺之子舟臣時爲承文院博士慟父非命號擗不食
而死聞者莫不傷痛今 上即位贈誠謹吏曹參判旌其
門

詩 親亡誠孝久彌敦又竭心喪答 主恩天禍善良同
殄瘁斯人未免一何冤 遺孤痛父顱蒼玄不惜捐生
報所天萬古綱常懸日月幾人忠孝一家傳

내조회ᄂᆞᆫ은산사ᄅᆞᆷ이
라저믄제브터어버이
을효도ᄒᆞ야맛ᄎᆞᆷ나조
문안올게을이아니ᄒᆞ
야친히밥지어이바두
며시절것어더든이밧
더니아비죽거ᄂᆞᆯ슬허
홈을ᄠᅵ예너무ᄒᆞ야거
상몯도록죽먹으며엄
이죽거ᄂᆞᆯᄯᅩ글이ᄒᆞ더
라
강평대왕국상애삼년
거상닙어믄ᄆᆞᆺ고나다
아니ᄒᆞ며술먹디아니
ᄒᆞ며소곰장ᄂᆞ믈과실
을먹디아니ᄒᆞ더라연
산됴ᄎᆔ옴의벼슬ᄒᆞ이

며홍문쉬엿더니갑ᄌᆞ
년에거즛힝뎍이라ᄒᆞ
야죽이려져조거ᄂᆞᆯ다
답을호되님금위ᄒᆞ야
거상ᄒᆞ미일훔어들여
ᄒᆞᄂᆞᆫ줄이아니라님금
과아비와ᄒᆞᆫ가지로ᄃᆡ
겨ᄒᆞ미라ᄒᆞ고죵용히
죽거ᄂᆞᆯ모다슬허ᄒᆞ더
라

李自華殷山人自少事親孝定省不懈朝夕必躬爨以供每遇時羞必獻父歿哀毀過禮啜粥終喪母歿亦如之爲康靖大王服喪三年閉門不出不飮酒不食鹽醬菜菓燕山初賞職陞門至甲子以詭行捕鞫將戮之自華供曰爲君服喪非爲要名妄料君父一體耳遂從容就死國人莫不傷痛

詩 事親終始竭心誠況服君喪出至情俯仰人天無愧作枉遭凶禍亦爲榮

誰言忠孝兩全難能以君親一體看已盡爲臣爲子道高名千載重於山

경뱅나유문ᄋᆡ논단셥
사ᄅᆞᆷ이라 연산직의 엄
이 죽거ᄂᆞᆯ 그 졔ᄌᆞ 상ᄒᆞᆫ
법이 검엄ᄒᆞ니 사ᄅᆞᆷ이
거스디 못ᄒᆞ거ᄂᆞᆯ 유문
이 혼자 가상을 베로 마
장삼기ᄒᆞ더니 무을 히
샥 친쳑 둘히 닐오되 홰
또 블측ᄒᆞᆫ 일이라 ᄒᆞ고 탈
싱ᄒᆞ라 권ᄒᆞᆫ대 유문이
내 죵내 좃디 아니ᄒᆞ고
슬허ᄒᆞ여 위ᄒᆞ여 병 들엇더
니 죽을 적의 계집으로
더브러 닐오되 엄의 삼
년 졔ᄅᆞᆯ 내 살아 이실 덕
못ᄒᆞ야 ᄆᆞᆺ ᄎᆞ디 몯ᄒᆞ게
을 이 말고 또 나ᄅᆞᆯ 엄의

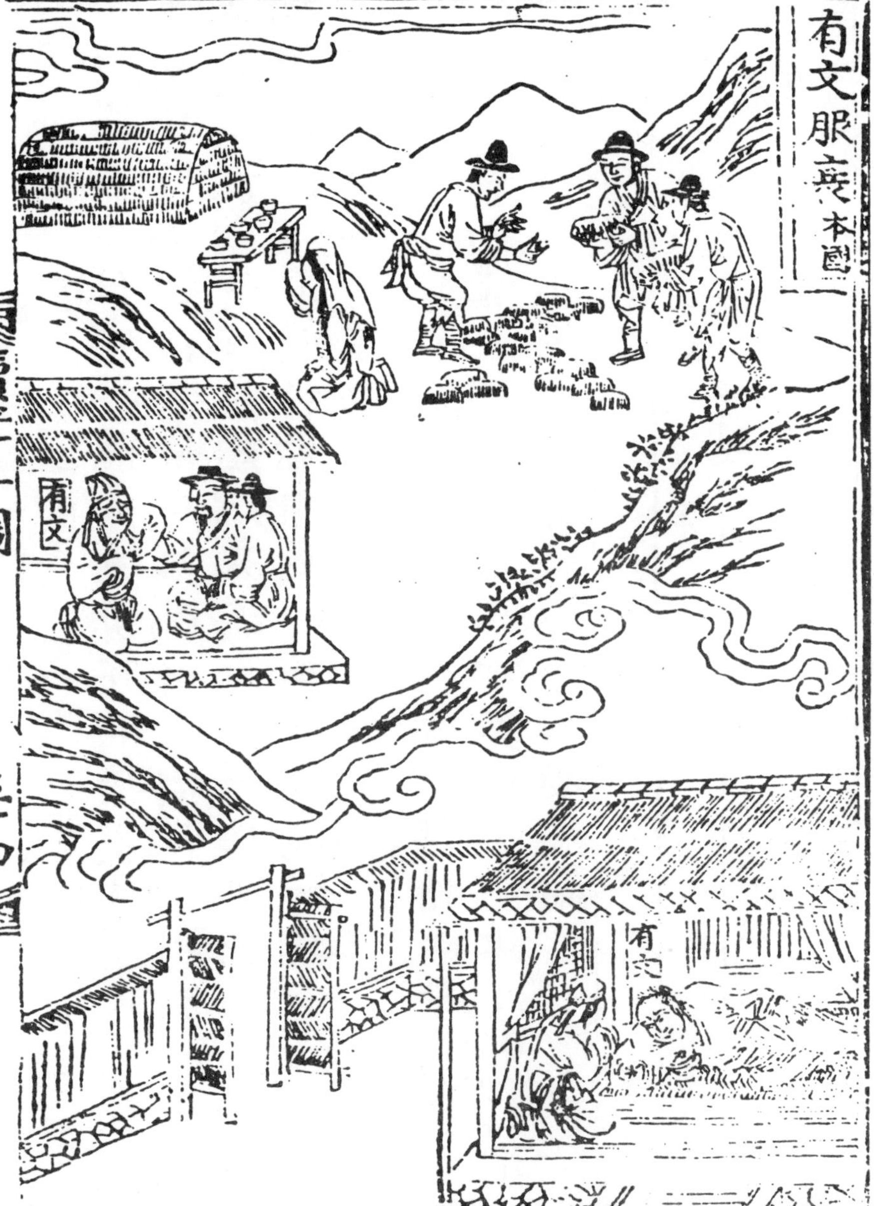

孝子圖 三十四

무덤겨틔무드라ᄒᆞ며
겨집니시블은대로ᄒᆞ
야엄이와남진의분묘
에친히제ᄒᆞ믈비록눈
비와도폐티아니ᄒᆞ더
라

正兵羅有文丹城人藥山末母死時短喪法嚴人不敢違有文獨守喪執禮謹鄉中親戚皆言禍且不測勸脫衰有文竟不從因哀毀感疾臨死語妻曰三年祭母如我生時朝夕無怠且葬我於母墳之側其妻李氏如其言親祭母及夫墳雖雨雪不廢

詩 短喪嚴法世無違 特立斯人古亦稀 持服纍然哀毀死 秉彝何幸在寒微

臨終一語托家人 母子期將地下親 躬奠不緣風雪廢 至誠夫婦兩無倫

김슉숀이ᄂᆞᆫ신텹사ᄅᆞᆷ
이라어버의몽상애다
시묘을삼년식살고달
상ᄒᆞ야도ᄌᆞ품과장ᄋᆞᆯ
먹디아니ᄒᆞ더니부텽
긧뒤ᄉᆞ당지어두고앗
ᄎᆞᆷ나조ᄒᆡ졔홈을산적
ᄀᆞᆺ티ᄒᆞ야나히여ᄃᆞ니
남도록ᄌᆞ품도게을이
아니ᄒᆞ더라엿ᄌᆞ와ᄂᆞᆯ
홍문셰니라

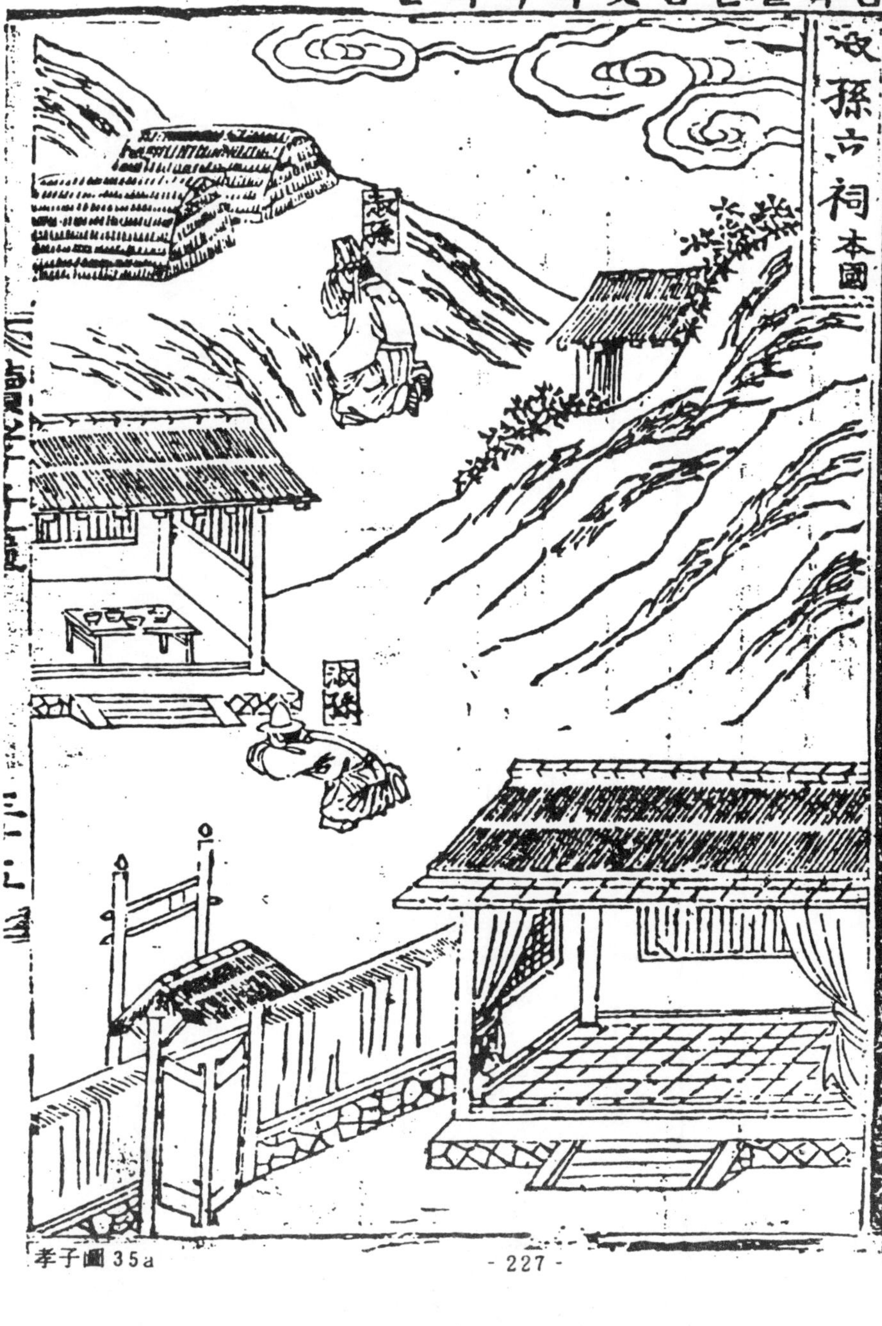

金淑孫信川人父母喪皆廬墓三年服闋猶不食塩醬立祠墓側朝夕上食一如生時年過八十未嘗小懈事聞旌閭

詩 再罹憂制闋還悲糲飯無塩更自持因廬立廟勤香火日奉饔飧八秩奇　立祠塋域是居廬俯詭常情毋有餘直過八旬生事死當時國論已旌閭

병계쥬노안악사ᄅᆞᆷ이
라져머셔아비죽거늘
엄이울효도ᄒᆞ야나갈
졔고ᄒᆞ고도라와뵈며
날졔와잘제뎌옴파쳐
옴을셜며보기울죠곰
二게울이아니ᄒᆞ더니
엄이죽거늘산뵨시묘
살고탈상ᄒᆞ고ᄯᅩ아비
위ᄒᆞ야몰려삼뵨을니
브니라샹비명일이며
시향과일재홀제반ᄃᆞ
시을ᄃᆞ효셩인ᄂᆞᆯ독국
뎌옥지극ᄒᆞ더라옛ᄌᆞ
와놀버술ᄒᆞ이시고옹
문졍ᄂᆞ라

鄭繼周安岳人少喪父事母孝出告反面定省溫凊不少懈及母歿廬墓三年又為父追服三年俗節四時忌日祭必哭泣誠孝至老彌篤事聞　命授禮賓寺參奉旌其門

詩　稚年父逝痛難追事母終身罄孝思溫凊更能勤定省至誠終老報恩慈　齊衰三載侍幽堂追服前喪又二祥泣血虔誠供祀事旌閭褒爵永流芳

續三綱行實忠臣圖目錄

손ᄋᆡ 이ᄂᆞᆫ구용사ᄅᆞᆷ이
라글을너비알고의논
을잘ᄒᆞ더니 대명적ᄎᆡ
엄이쳥오되어단살홈
을베큰일을긴오쇼셥
ᄒᆞ더라졀동ᄒᆞ야쳬개남
극ᄇᆞᆯ솟차사호ᄆᆡ용품
ᄒᆞ거ᄂᆞᆯ쳐슈ᄒᆞ야쵸쳬벼
손올ᄒᆞ엿더니도적의
개잡혀여항복ᄒᆞ라겁
략ᄒᆞ거ᄂᆞᆯ손엽이ᄀᆞ장
ᄒᆞ야짓고항복디아니ᄒᆞᆫ
거ᄂᆞᆯ도적이노ᄒᆞ야칼
을ᄲᅢ야옷솔버스라ᄒᆞ야
지즌대손엽이닐오되
이옷손님금이주신거
시라벗셔못ᄒᆞ리라ᄒᆞ

續三綱行實忠臣圖

孫燮不屈 本朝

고도적의게죽거늘단
양남채후을봉ᄒᆞ시다

孫炎向容人博學善辯論 大明初建請延攬英才以圖大業從征浙東以功授處州摠制爲賊所執脅使降炎大罵不屈賊怒拔刀叱解衣炎曰此紫綺裘君所賜不可脫遂遇害追封丹陽男

詩 仗鉞堂堂鎭處州精忠向賊背低頭欲知不負君恩重看取留予紫綺裘 罵賊甘心自殺身偷生降敵是何人歲寒高節宜追奬封爵丹陽寵渥新

역션이ᄂᆞᆫ 샹음사ᄅᆞᆷ이라 영낙젹쉬엄의ᄑᆞ지어안찰ᄉᆞ벼ᄉᆞᆯᄒᆞ엿더니 ᄑᆞ지반ᄒᆞ야도적이성을티거ᄂᆞᆯ역션이ᄯᅳ들닐ᄋᆞ와다도로혀디아니ᄒᆞ야ᄇᆡᆨ옹우디딕ᄒᆡ엿다가ᄂᆡᆼ식이업거ᄂᆞᆫ집의사ᄅᆞᆷ파다ᄒᆞᆷᄭᅴ죽으니라엇조와ᄂᆞᆯ판ᄌᆞᆼ을보내여제ᄒᆞ사고ᄎᆞᆷ졍벼ᄉᆞᆯ을튜증ᄒᆞ시

易先湘陰人永樂初由大學生高等選授交阯諒山知州進交阯按察使仍治諒山宣德初交阯叛賊攻城先不回嬰城固守糧盡闔家同死事聞遣官諭祭追贈廣右參政

詩 孤城薄賊竟難全壯志猶能守益堅食盡舉家同白死秖今義烈映秋天　許國丹心獨自持阽危無計更能支但知臨難全臣節豈料重泉寵錫隨

하룡이ᄂᆞᆫ강능사ᄅᆞᆷ이
라영낙졔의긔회ᄒᆞ야
감찰어ᄉᆞ벼ᄉᆞᆯᄒᆞ엿더
니말ᄉᆞᆷ을어딜이ᄒᆞ거
ᄂᆞᆯᄑᆞ지ᄭᅥ디쥐란벼ᄉᆞᆯ
올도도와히이신대유
텨고오밀파베도로ᄉᆞᆷ상
ᄒᆞ니ᄇᆡᆨ셩이황봉ᄒᆞ야
졋더라ᄑᆞ지반ᄒᆞ니하
듕이도젹의게ᄲᅡ이엿
ᄯᅥ니대신돌히닐오되
하듕이져조며디혜ᄋᆞᆺ
ᄭᅳ당대ᄒᆞ다ᄒᆞ야나라
히ᄭᅳᆫᄉᆞ을칭ᄒᆞ라블려
ᄂᆞᆯ하듕이셤으로ᄂᆡ머
나다가도젹의게잡히
여서칫고항복디아니

ᄒᆞ야주거늘ᄋᆞᆺᄌᆞ온대
홍문셰오시고 시호ᄅᆞᆯ
튱졀이라ᄒᆞ시니라

何忠江陵人永樂間中進士拜監察御史讜言正色陞交趾政平知州專尚德禮夷民懷服交趾叛忠在圍中潘杲大臣謂忠有才智膽略使乞師於朝忠縋城出遇伏被執罵賊不屈死事聞旌門謚忠節

詩 死節當求敢諫中心專許國險夷同治州更見民懷德遇賊終能不失忠

蒼黃當日在圍中膽略推君獨擅雄縋出乞師身被執臨危罵賊果卿同

칭윤혁이ᄂᆞᆫ회령사ᄅᆞᆷ
이라텬회년이니시ᄋᆡ
제아ᄋᆞ시압으로텨브
러길쥬을기지고반ᄒᆞᆫ
거ᄂᆞᆯ챠윤혁이구셩군
의군관으로티러돗차
가더니종셩사ᄅᆞᆷ텽휴
영과부령사ᄅᆞᆷ조규와
경셩사ᄅᆞᆷ각셩장으로
텨브러도적의게들어
가외여울호ᄌᆞᆯ을알외
여날ᄋᆞ고시합어와아
ᄋᆞ시변이을잡아민여
보내더니길해와지틱
사ᄅᆞᆷ이아사돌여가니
라챠윤혁이ᄯᅩ텽휴령
으로텨브러종셩회령

군ᄉᆞ을돌이고마운령
을마가이신대니시의
글로ᄒᆞ여수이나오디
못ᄒᆞ티라맛초와죄뇨
손이반ᄒᆞ야니시이개
가니챠윤혁이니시의
ㅣ잡히여텽휴명파조
귀와박텽쟝이와다단
텬옥애갓티여죽ᄋᆞ니
라후에주거믈어드니
다칼홀벗기디아니ᄒᆞ
고머리을브으텨잇더
라나라히셔챠윤혁이
옴공신ᄒᆞ이시고티나
사ᄅᆞᆷ은다당샹벼슬을
튜증ᄒᆞ시니라

章云華會寧人成化丁亥李施愛與其弟施合據吉州以叛　忠莊大王命龜城君浚討之云華以軍官從與鍾城入鄭休明富寧人曺糾鏡城人朴成章入賊中曉諭逆順執施合及其弟施伯縛送官軍中路為其黨共解脫云云華又與休明率鍾城會寧兵截磨雲嶺賊軍歸義者絡繹施愛以此不得長驅而東會崔閏孫叛附施愛云華為施愛所執與休明糾成章俱死端川獄中賊平得其屍皆示解枷鎖頭顱椎碎　朝廷追錄云華敵愾功臣餘並贈堂上官

詩 兇醜稱兵叛吉州　磨雲以北骨成丘　獨將忠義摧鋒銳　一死英名萬古留

功如張許嬰城日　忠似顏袁罵賊時　秉勝官軍齊致死　朔方尚有四男兒

김동이는종친강령보졍
의종이라연산군소앙ᄒᆞ
시논디기강령부졍의집
을앗고ᄯᅩ달은집을아올
으려ᄒᆞ야거즛이올할으
되강령부졍이종을추겨
나올셔지즈라ᄒᆞ야놀연
산군이노ᄒᆞ야강령부졍
피김동이을구로아ᄂᆞ히
쓰기에날오어놀김동이
날오되머죄라ᄒᆞ거싣므
로리라ᄒᆞ터니숨이브오
되비항것파ᄯᅩ티사ᄂᆞᆯ올
내라ᄒᆞ면버서날이라ᄒᆞ
ᄒᆞᆫ놀김동이날오되버써
쥐나면항거시죄을니블
리니항것죄니피고내살

올흘ᄉᆞ다 몯ᄒᆞ리라 ᄒᆞ더라
죽일제 날을 뫼내 죽으믄
벌어지 즘ᄉᆡᆼ ᄀᆞᄐᆞ야 갓갑
다 아니커니와 오직 내 항
거시 죄업시 매 자귀향
가 ᄯᅩ 줄을 셜워ᄒᆞ노라 제
엄이 울어ᄂᆞᆯ 갈동이 닐오
되 엄이 울디 말고 죽으미
진실로 블회니 내 항거시
이시면 엄이를 어엿비 너
길거시니 슬허 말라 ᄒᆞ더라 사
ᄅᆞᆷ이 술 머여ᄂᆞᆯ 울고 닐오
ᄃᆡ 내 항거시 어ᄃᆡ 멀니
귀향 가거늘 누 머기ᄂᆞ뇨
ᄒᆞ고 ᄀᆞ장 슬허ᄒᆞ거ᄂᆞᆯ 본
사ᄅᆞᆷ이 다 슬퍼ᄒᆞ더라 이
장 샹됴에 홍문 세니라

金同宗室江寧副正祺之奴燕山嬖妓奪祺第又欲并其別舍誣訴祺嗾奴罵妾曰籍威勢奪人家豈長久之道燕山怒囚祺及金同至用烙訊同曰罪在奴非主所知或謂同妄與主異居若云不知可免同曰奴若免主必陷罪陷主而活吾所不忍臨刑顏色不變曰奴死有同虫蟻不足惜只傷吾主無罪杖配耳其母泣同與訣曰兒棄母死誠不孝然吾主在必保護毋勿悲人有飲之酒泣曰吾主間關遠謫誰為饋酒因悲咽不自勝見者莫不傷嘆今上三年旌閭

詩
嬖姬讒舌利如刀　奇禍橫來不可逃　陷主求生寧可忍　蟻虫微命棄如拋
臨刑還嘆主無辜　慰母情深孝亦俱　士林忠孝猶云罕　況在無知僕隸徒

흥친쥬계군심원이또셩
이엄엄ᄒᆞ고춍명ᄒᆞ고효
미평ᄒᆞ고놀사론을알아
봅니
강밥대왕됴애시죵ᄒᆞ연
논판원이엄원쇼과그아
돌엄소홍의샤투ᄒᆞ을출을
엿줍다가파직ᄒᆞ니리임
ᄉᆞ홍의계집은심원의아
뷔누의라그아비아ᄃᆞᆯ의
뎡상을ᄌᆞ셔히아더니
미결의나아가ᄆᆞᆼ장그샤
특호이울엿ᄌᆞᆸ고닐오되
냥원득리다나ᄒᆞ시면내
종애나라혼고ᄌᆞᆺ잉온니
여ᄏᆞ벋믄져죄울닙ᄉᆞ와
조종의하ᄂᆞᆯ애계신신령을

深源斥姦 本國

지여보이다말아지다ᄒᆞ
고연ᄒᆞ야울며또ᄉᆞᆯ오되
김ᄉᆞ홍이노내아비누이
남편이니어다내아비ᄃᆞᆯ
그ᄅᆞᆺ도ᄒᆞ야ᄒᆞ올거시니
내나라ᄅᆞᆯ위ᄒᆞ과어버의
게거ᄉᆞ리니내ᄀᆞ장셜워
ᄒᆞᄂᆞ니이다ᄒᆞ고울고나
가거ᄂᆞᆯ
샹이ᄭᆡ도ᄅᆞ샤입ᄉᆞ홍이
ᄯᆞᆯ귀향보내야엿ᄃᆡ니연산
군ᄭᅴ와ᄉᆞ홍이도ᄅᆞ혀ᄉᆞᆯ
ᄒᆞ여심원의원혐을구두알
조ᄎᆞ주이니다엄ᄉᆞ홍이엄
히은용ᄉᆞᄒᆞ니또ᄉᆞ온족
여나라ᄒᆞ거의기올게되니
사ᄅᆞᆷ이심원이몬져ᄉᆞᆯ피ᄆᆞᆯ
이ᄅᆞᆯᄒᆞ야복ᄒᆞ니라
공희대왕이각별이이품

宗室朱溪君深源資性嚴明學問精深且有鑑識嘗 康
靖大王朝侍從官論任元濬及其子士洪姦邪見罷士洪
妻即深源之姑備知其父子情狀詣 闕極陳其陰邪曰
殿下不聽則終必誤 國臣先伏罪不負 祖宗在天之
靈因泣曰士洪實臣姑夫臣父聞之必怒臣爲 國忤親
臣切懸焉遂痛哭而出 上感悟竄士洪於外至燕山亂
政士洪誣搆深源併其二子而殺之用事十年魚肉士類
國祚幾傾人皆服其先見 恭僖大王特贈爵一品仍旌
其門

詩 憂深宗國係安危得譴家庭分不辭便殿劇論終悟
主驪塊自合放遐陲 否極奸凶勢更張冤深父子共
罹殃旌閭錫爵他年事始信忠賢令聞長

續三綱行實烈女圖目錄

續三綱行實烈女圖

白氏盡姑 本國

ᄇᆡᆨ시ᄂᆞᆫ 태원사ᄅᆞᆷ이라 남진이 집을 ᄇᆞ리고 즁이 되여ᄂᆞᆯ ᄇᆡᆨ시 이셔 싀엄기울이 ᄲᆞᆺ고 나가디 아니ᄒᆞ야 브즐어니 질삼ᄒᆞ야 구실ᄃᆡ답ᄒᆞ더니 남진이 ᄒᆞᆯᄂᆞᆫ 도다와 다론더 가라 뵈야거ᄂᆞᆯ ᄇᆡᆨ시 머리 버히고 ᄆᆡᆼ셰ᄒᆞ야 좃디 아니ᄒᆞ니라 싀엄이 나히 아ᄒᆞᆫ 되여 죽거ᄂᆞᆯ 힘을 다 들여 송장ᄒᆞ고 싀엄의 얼구ᄅᆞᆯ 글여두고 죽도록 졔ᄒᆞ니라

白氏太原人夫棄家為僧白氏留養姑不去勤績紝以供祖賦夫一日還迫使他適白氏斷髮誓不從夫不能奪姑年九十歿竭力營葬畫姑像祀之終身

郎棄天倫妾奉姑晨昏滫瀡色怡愉一朝非理還相迫斷髮終身志不渝

可憐姑氏又辭堂竭力經營事克襄永慕情深開肖像終身奠薦孝思長

댱시녹단쥬ᄉᆞᄅᆞᆷ이라
나히열네해효고을엣
논밍칠보와혼인ᄒᆞ자
언약ᄒᆞ엿더니으래디
아녀셔밍칠뵈기봉ᄉᆡ
해공세밧틸어가다가
길헤셔죽거ᄂᆞᆯ초장ᄒᆞ
엿티니댱시의어버히
남진어티끄져ᄒᆞ더니
댱시닐오되ᄒᆞ마밍시
와게긔약ᄒᆞ니비록죽
어도톄엄이의거ᄒᆞ얏
업ᄉᆞ니원컨대가셔지
지라ᄒᆞ야놀어버이그
뜨들듕히너겨좃츤대
싀엄이파초장ᄒᆞ더가
신례올지여와영장ᄒᆞ

張氏貞死 本朝

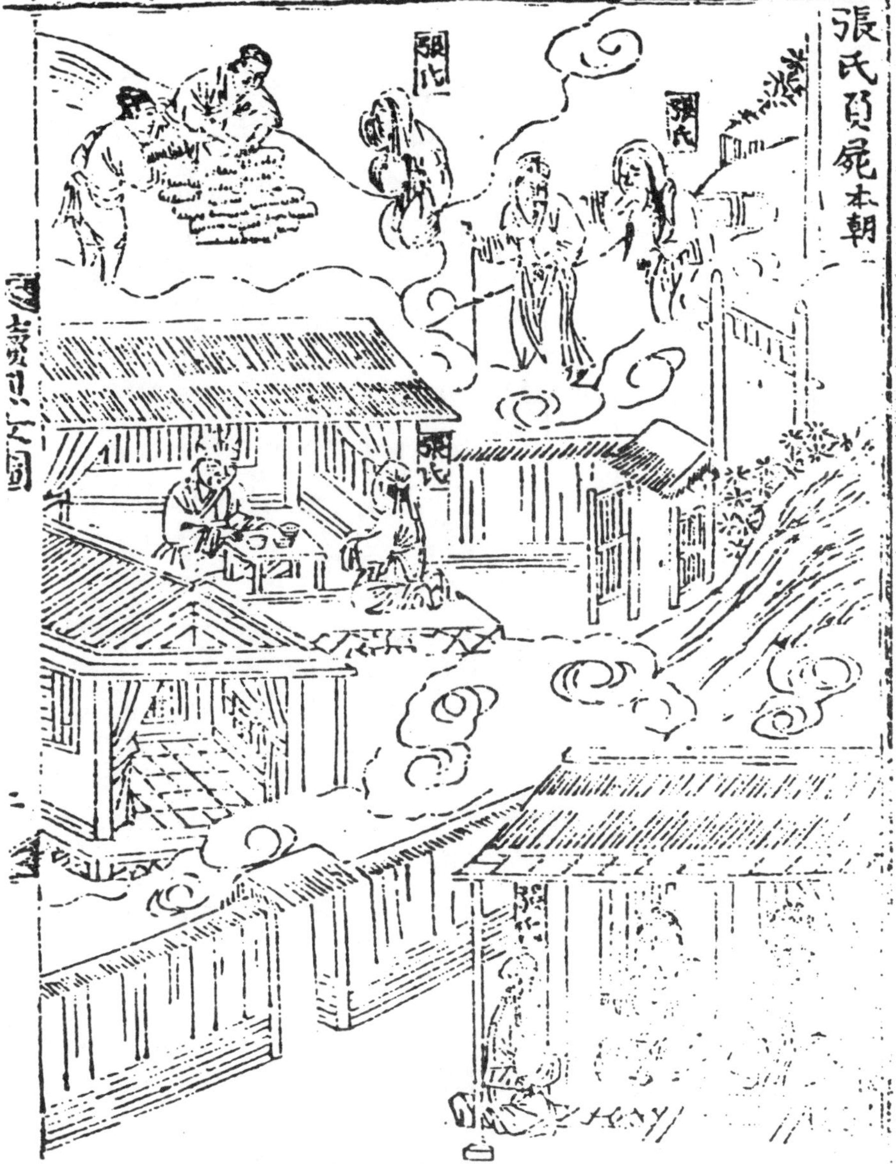

고주도록싀엄이을셤
기티니싀엄이죽거늘
베로베송장ᄒᆞ니라엳
ᄌᆞ와ᄂᆞᆫ홍문셰니라

張氏陳州人年十四許同郡孟七保為婚未幾七保輸稅
於開封道死葛葬祥符父母欲嫁之張曰旣許孟氏今雖
亡其母無所依願歸以養之父母重其意從之乃與姑詣
祥符負其夫屍還葬終身養姑姑卒以禮葬之事聞旌門

詩 郎死雖云未醮前禮成媒聘即移天負屍還葬歸姑
氏奉養終身孝更全 婦人從一縱天倫媒妁初成未
許身髫年處子持空信千載唯聞有此人

딘시논낙평사ᄅᆞᆷ이니
셔득안의계집이라나
히스믈에남진이병들
어죽게도여셔닐오되
네나히뎜고ᄌᆞ식이업
스니내죽거든훗남진
을됴히셤기라ᄒᆞ야늘
딘시울고닐오되ᄒᆞ마
그딋계집이도여시니
ᄎᆞ마두사ᄅᆞᆷ을셤기랴
ᄒᆞ고즉재귀파머리ᄅᆞᆯ
버혀밍셰ᄒᆞ고남진이
죽거늘귀파머리터ᄅᆞᆯ
관안헤녀코죽도록ᄆᆞ
ᄋᆞᆷ을곳티디아니ᄒᆞ니
라.엳ᄌᆞ와늘홍문셰니
라

陳氏剪髮 本朝

陳氏樂平人徐得安妻年二十夫病革謂之曰汝年少無子我死善事後人陳氏泣曰旣爲君婦忍事二姓乎即割耳剪髮爲誓夫死納之棺中終身不改節事聞旌其門

詩 良人疾革妾纏悲訣語云胡不我知剪髮今心仍割耳此心從一死爲期　旋將耳髮納夫棺生死應知此志完辛苦百年長守誓始終全節古來難

허미ᄂᆞᆫ동안사ᄅᆞᆷ이라
션틱귀의ᄒᆞᆷ올송윤
산의아ᄃᆞᆯ의게가오래
더아니ᄒᆞ야셔남진이
큰병을어더놀허미시
병ᄒᆞᆷ을지극이ᄒᆞ더니
남진이죽거ᄂᆞᆯ림셰호
뎌두남진을아니호려
ᄒᆞ고싀엄어을더욱효
도ᄒᆞ더니제아비그져
믄ᄌᆞᆯ올어엿쎄녀겨구
뒤여다로뒤가라ᄒᆞ야
ᄒᆞ마보낼야ᄒᆞᆯ쥐의허
며물에들어죽으니밀
믈이밀어오나도죽아
며ᄒᆞᆯ셔가다아니ᄒᆞ더
라

許梅同安人宣德中適同里宗隱山之子未幾夫得痼疾
梅奉之彌篤夫死誓不二事姑愈孝父憐其少逼之他適
臨遣梅投水死潮漲屍不流

詩

良人已死妾身孤甘旨怡愉奉老姑父命縱然非義
逼此心先決不曾渝　投死從容善自謀命輕毫髮義
山丘貞心似石終難轉身歿猶能不逐流

류시ᄂᆞᆫ하남사ᄅᆞᆷ이니
졔판의계집이라졔판
이ᄌᆞᆫ서되여사흠애죽
거ᄂᆞᆯ뉴시슈졀ᄒᆞ엿더
ᄂᆡ구틔여다아다혼인
ᄒᆞ려ᄂᆞᆫ사ᄅᆞᆷ이잇거ᄂᆞᆯ뉴시
조겨블오며내상월상
일에ᄆᆞᄅᆞᆷ애원ᄒᆞᄂᆞᆫ일
이이시니이을며나면
네말을좃ᄎᆞ리라ᄒᆞ고
그날에챵ᄐᆞᆨ뎐텽서관
뎔에가탑뫼옷긋ᄐᆡ올
나하ᄂᆞᆯᄭᅴ빌어닐오ᄃᆡ
나ᄂᆞᆫ본ᄃᆡ하남ᄯᅡ일홈
ᄇᆞᆫ자윤이니남진이죽
으매졀올일티몯ᄒᆞ거
사라ᄒᆞ고ᄯᅡ해ᄂᆞ려디

劉氏投地 本朝

어주그니라

劉氏河南人齊閘妻閘應募萬千夫長戰死劉守節不二人有強逼婚者劉紿曰吾三月三日有心願過此當從所言是日徑往彰德天寧寺登浮屠絕頂祝天曰妾本河南名家妻已死不敢失節遂投地而死

[詩]良人死國泣孤嫠卻被狂圖謾納期登塔 誓天還擲地此心唯有地天知 可憐憔悴未亡人外侮都因有此身騰擲片時拚一死貞心萬古不緇磷

유시ᄂᆞᆫ샹ᄒᆡ사ᄅᆞᆷ이라
영낙적의남진댱문통
이시드ᄂᆞᆫ병을어드니
약으로곳티디몯ᄒᆞ야
유시ᄃᆞ려닐오되내쟝
ᄎᆞ죽게되여시니네나
히졈고ᄌᆞ식여업ᄉᆞ니
ᄒᆞᆫ남진올됴히셤기라
ᄒᆞ대유시닐오되아비
날로그ᄃᆡ올셤기라ᄒᆞ
니그ᄃᆡ죽고ᄌᆞ식이업
ᄉᆞ니누올좃ᄎᆞ리오그
ᄃᆡ올ᄃᆞ라의가좃ᄎᆞ리
라ᄒᆞ더니문통어죽거
ᄂᆞᆯ유시목ᄆᆡ야죽으니
라

俞氏上海人永樂初夫張文通嬰瘵疾藥不能療囑俞曰吾將死汝年少無子宜善事後人俞曰文命以妾事夫夫今死文無子女將何從願從夫於地下文通歿是日俞自經

【詩】早承嚴命事移天嬰瘵當時慟莫痊一語臨危真苟發丹心矢死守貞堅　從一而終義早聞未亡何忍度朝曛怡然經死無他意箕帚重泉亦奉君

마시논탕음사ᄅᆞᆷ이라
일홈은세향이니졈어
셔효경과렬녀뎐을닐거
ᄠᅳ들아더니어버이ᄆᆞ
장ᄉᆞ랑ᄒᆞ야사회ᄅᆞᆯ골
ᄒᆞ야별구을얼여ᄒᆞ더
울나ᄒᆞ니라셜키셰간
사리을잘못ᄒᆞ거ᄂᆞᆯ마
시의어버이노ᄒᆞ야ᄯᅥ
ᄌᆞᆼᄒᆞ니셜귀말고나가
거ᄂᆞᆯ상텬만외어버이
다ᄅᆞ니을얼요려ᄒᆞᄃᆡ
아시셔폐예두번쵸례
ᄒᆞ의업ᄉᆞ니라ᄒᆞ야ᄲᅥ
고호ᄃᆡ어버이듯디아
니ᄒᆞ거ᄂᆞᆯ미시죠고만
ᄌᆞᆷ히예어버이여허ᄂᆞᆫ

말ᄉᆞᆷ을ᄡᅥ제ᄯᆞᆯ의품에
품기고우믈에드러죽
거ᄂᆞᆯ드른사ᄅᆞᆷ이셜워
ᄒᆞ더라

馬氏湯陰人名端香幼讀孝經烈女傳通大義父母鍾愛
擇壻適薛轂生一女轂拙於家事婦翁怒責遂離去踰三
年父母欲令他適馬氏書禮無再醮之義以告父母不從
乃投井而死留片紙於其女懷中書謝別父母之辭聞者
慟之

詩 少歲通書執女儀良人豈料遽生離禮無再醮吾能
斷却恨爺孃莫我知　爺孃雖命豈吾遷投井終成眞
志堅小女懷中留訣語至今聞者總潸然

원시ᄂᆞᆫ 용쥬 사ᄅᆞᆷ이니 엄용의 계집이라 싀어버이ᄅᆞᆯ 셤기되 효도ᄒᆞ더니 싀엄이 병들엇거ᄂᆞᆯ 뫼셔 이셔 약 더이기ᄅᆞᆯ 게을이 아니ᄒᆞ니 모ᄋᆞᆯ히 일ᄏᆞᆮ더라 영낙졔의 엄용이 믈에 ᄲᅡ디어 죽거ᄂᆞᆯ 원시 나히 열여슯이러니 즉재 남진의 ᄲᅡ딘 ᄯᅡ해 가 신톄ᄅᆞᆯ 몯 보아 ᄆᆞ장 울고 닐오되 남진이 죽고 ᄌᆞ식이 업ᄉᆞ니 혼자 사라셔 므엇ᄒᆞ료ᄒᆞ고 믈에 들어 죽거ᄂᆞᆯ 후에 ᄑᆞ기 잡을 사ᄅᆞᆷ이 믈ㅅ애 두 주검이

袁氏尋屍 本朝

ᄒᆞ디잇거ᄂᆞᆯ사ᄅᆞᆷ이모
다블오되절의로감동
ᄒᆞ야그려타ᄒᆞ더라텽
표ᄒᆞ야텽블이라ᄒᆞ시
마

袁氏龍州人嚴庸妻事舅姑孝姑疾侍湯藥不懈甚爲鄉
里所稱永樂間庸溺水死袁氏年十八亟趨夫溺處尋屍
不見因大哭曰夫死無子獨生何爲亦投水死後漁人於
河邊得二屍同處人以爲節義所感 命旌爲貞烈
詩 忽聞夫溺走江湄屍去江空哭最悲無子獨生何所
托不如波底共追隨 誠孝平時聞一鄉更隨夫死赴
汪洋二屍一處眞諧願義烈從來感彼蒼

약가ᄂᆞᆫ션산사ᄅᆞᆷ이니
묘을싱의계집이라을
심이예게갑히어가거
ᄂᆞᆯ죽으며살으몰몰ᄂᆞ
ᄯᆞ기와마ᄂᆞᆯ파힐먹더
아니ᄒᆞ며옷버서자더
아니ᄒᆞ더니귀어버이
남진얼요려ᄒᆞ대죽거
로ᄆᆡᆼ셰ᄒᆞ고좃디아니
ᄒᆞ더니여ᄃᆞᆲᄒᆡᆺ만의을
심이살아오거ᄂᆞᆯ도로
ᄃᆞᆷ리녜집되니라

蘂哥善山人趙乙生妻也乙生爲倭寇搶去蘂哥未知存歿不食肉不茹葷不脫衣服而寢父母欲奪志矢死不從凡八年而乙生還爲夫婦如初

詩 杳杳滄波阿每鄕夫從搶去定存亡心喪八載全貞節豈料他時再見郎 却葷斷肉守孤房矢死難移一寸腸畢竟歸來還會合也知誠意格蒼蒼

송시ᄂᆞᆫ뎨산사ᄅᆞᆷ이라
계남진령희듕이일ᄌᆞᆨ
죽거ᄂᆞᆯ거상삼년을우
리디내니라어버이팀
어셔홀엄이된줄을어
엿비너겨남진얼요려
ᄒᆞ대송시죽으모로밍
세ᄒᆞ야닐오되싀엄이
김ᄃᆡ이셔뎌ᄂᆞ조식업
스나내남진꼿초면
싀엄이어듸가의탁ᄒᆞ
교ᄒᆞ야ᄂᆞᆯ어버이듯디
아니ᄒᆞ대송시아기업
교도망ᄒᆞ야싀집의가
여러ᄒᆡ을도라오디아
니ᄒᆞ더니어버이그지
ᄀᆞᆨ호ᄒᆞᆷ을감격ᄒᆞ야

집밧뒤별실지어준대
송시적엽이놀여와살
며친히음식ᄒᆞ야주더
니식엄이죽거늘거상
삼년을내우러디내니
라엳ᄌᆞ와놀홍문셰고
복호ᄒᆞ시니라

宋氏礪山人其夫鄭希重早死泣血終喪父母憐其少寡
欲奪志宋以死自誓曰姑在金堤無他子我若從人則姑
終何托父母不聽宋負兒逃歸姑氏累年不還父母感其
至誠乃於舍傍搆別室與之宋奉姑來居躬供菽水姑歿
泣血終喪事聞旌門復戶

[讚] 早孀泣血喪初闋奈被爺孃不諒人負子從姑期不
返至誠終亦感雙親　畢竟親心亦感歎為營旁舍與
姑安奉姑存歿誠如一終始無虧婦道完

최시ᄂᆞᆫ듕쥬사ᄅᆞᆷ이라
한약이와혼인ᄒᆞ엿더
니일본국탈ᄭᅦ한약이
ᄶᅩᆺ차갓다가사호매죽
거ᄂᆞᆯ최시죽도록남진
아니ᄒᆞ니라엿ᄌᆞ와ᄂᆞᆫ
홍뮤셰니라

崔氏忠州人與副使韓約定婚約從征日本戰歿崔終身

守節事聞旌閭

[illegible]可因依崔家處子[illegible]如

[illegible]違[illegible]

堅貞平生未會韓郎面竹帛同垂萬古名

셔시ᄂᆞᆫ풍긔사ᄅᆞᆷ이니쉬ᄉᆞ달의ᄯᆞᆯ이라ᄒᆞ고을잇ᄂᆞᆫᄯᅩ사ᄅᆞᆷ도윤봉의게싀집간ᄒᆞᆫ힛만의죽거ᄂᆞᆯ셜워ᄒᆞ믈너무ᄒᆞ야미양집뒷대숩플에가대ᄅᆞᆯ안고우더니ᄒᆞᆯᄂᆞᆫ흰대세떠기나삽채날곱여ᄢᅥᆸ떠기되니라

장헌대왕이휜대ᄅᆞᆯ졍려들이라ᄒᆞ시고복호ᄒᆞ고홍문셰라ᄒᆞ시니라

徐氏抱竹 本國

徐氏豊基人徐思達之女嫁同郡都雲峯纔一年夫死哀
毀過禮常日就堂後竹林抱竹號泣忽一日生白竹三叢
三年至七八叢正統戊午 莊憲大王命圖白竹以進復
戶旌閭

詩 號天抱竹涕汍瀾一夜新篁白數竿高節凛然驚世
俗九重搖上畫圖看 千古瀟湘怨不窮年年竹上見
斑紅須知素節無今昔白爭新生一兩叢

셕금이ᄂᆞᆫ고양향니식
비의계집어라노산뎍
의식비져닙어죽거ᄂᆞᆯ
셕금이엿새ᄅᆞᆯ음식아
니먹고밤나죨울며닐
오되내멀니귀향갈거
시니필연이도여갈사
ᄅᆞᆷ의게더러이미되리
니살아이셔미죽음만
ᄀᆞ디못ᄒᆞ니라ᄒᆞ고목
ᄆᆡ야죽으니라

至今高陽郡吏揎培妻魯山時揎培被誅石令六日不食
晝夜號泣曰我應例配遠方必為押去者所汚並不如死
遂縊而死

[詩] 良人坐事被刑誅妾獨偷生敢自圖不食哀號連六
日天乎其奈未亡軀　將隨監押配遐陬素節爲知不
受縲恥復苟生甘就死至今高行榮民彜

구시ᄂᆞᆫ의산사ᄅᆞᆷ이니
조민의게집이라나히
열다ᄉᆞ신졔남편의집
의가일ᄌᆞᆨ홀엄이도여
머리털비히고림ᄎᆡ효
되다시남진아니호려
더ᄒᆞ고남진의샹을ᄆᆞᆯ
여ᄇᆞ람의벽결고님ᄌᆞ못
도노코밤낫출슌허울
며옷촘나조로졔ᄒᆞ며
나ᄒᆞ며믈어온졔반ᄃᆞ
시고ᄒᆞ며셔졀귀슌반
ᄃᆞ시졔ᄒᆞ고ᄂᆞ믈ᄆᆞ먹
더ᄒᆞ니ᄒᆞ여집도ᄃᆡ더
아니ᄒᆞ고죽도록쳔옷
닙으니라
강평ᄇᆡ왕도ᄒᆡ엿ᄌᆞ와

仇氏寫眞 本國

흔벌조시고졍문셰ᄋᆞ니라

仇氏益山人曺敏妻也年十五歸曺門早寡斷髮誓不再適寫夫眞掛壁陳衣服日夜哀號朝夕上食出入必告時物必薦不餟蔬歠羹素服終身 康靖大王二年事聞賜粟旌門

詩 青年守寡耿丹誠斷髮全身誓此生泉下有期求一死冥魂應識妾心情 圖繪傳眞壁上張陳衣薦食日哀傷未亡服素兼蔬糲終得褒旌節更彰

김시ᄂᆞᆫ항양ᄉᆞᄅᆞᆷ이니
니양의계집이라남진
이ᄌᆞ식업고일즉죽거
ᄂᆞᆯ나로사ᄅᆞᆷ이뎡가ᄂᆞᆯ
ᄭᅳ셔ᄒᆞᆫ대김시제남진
의분묘애도아가플올
혜혀고ᄉᆞ흘밤을자니
라후에ᄯᅩ계집삼을여
ᄒᆞ리잇거ᄂᆞᆯ김시되답
아니ᄒᆞ고목ᄆᆡ야죽으
니라
강경대왕샹변에고올
을명ᄒᆞ야분묘에졔ᄒᆞ
라ᄒᆞ시고홍문셰시니
라

金氏咸陽人李陽妻也陽無子早死人欲娶之金走至夫墳披草宿三夜後又有求娶金不應自縊而死 康靖大王三年命郡祭墓旌門

詩 夫亡守節矣無他非理其如欲汚何披草荒墳經數夜貞心似鐵孰能磨 百年何苦抱殘生行露頻驚莫我明一死羽輕全節重圖形千載樹芳名

ᄀᆞᆼ음방은비빈시죵이
라남진미죽거ᄂᆞᆯ제아
비일즉홀엄이되ᄂᆞᆫ줄을
어엿비너겨남편얼요
려ᄒᆞ거ᄂᆞᆯ음방이ᄆᆡᆼ셰
ᄒᆞ야ᄂᆞᆷ의게가디아
니호려ᄒᆞ고도망ᄒᆞ야
들우희가숨기물두세
번ᄒᆞ고죽도록ᄑᆞ기와
마ᄂᆞᆯ파혀ᄆᆞᆨ거아니ᄒᆞ
고ᄯᅩ샹비어셔죽어지
라ᄒᆞ고무당신ᄉᆞᄒᆞ기
을아니ᄒᆞ더라
강졍대왕됴개연ᄌᆞ와
졍홍문셰시니라

仇音方𧪮寶寺婢也夫死父哀其早寡欲奪志仇音方誓不他適逃匿于野者再三終身不食肉不茹葷且冀速死不事巫祀 康靖大王四年事聞旌閭

詩 郎君早逝守孤身操節貞堅玉不磷信誓百年終耿耿此生何忍事他人 剛恨爺爺不諒人逃潛荒野竟全身絶葷去肉丹心奚肯惜餘生諂事神

손시ᄂᆞᆫ밀양사ᄅᆞᆷ이니
손윤하의ᄯᆞᆯ이라열여
ᄉᆞ산졔쵸계사ᄅᆞᆷ안곤
의게싀집가계유두어
날온ᄒᆞ야죽거ᄂᆞᆯ삼년
을ᄂᆡ올고ᄆᆞᆺ초나조ᄎᆡ
히졔ᄒᆞ더니탈상ᄒᆞ야
ᄂᆞᆯ조부외나히졈을올
을이엿ᄉᆡ비겨남진얼
요려ᄒᆞ거ᄂᆞᆯ손시죽어
도아니호리라ᄒᆞ더니
ᄒᆞᆫ아비노ᄒᆞ야구더여
얼요려ᄒᆞ거ᄂᆞᆯ손시ᄀᆞ
마니대숩플에가목ᄆᆡ
야ᄃᆞᆯ벗셔놀졔형이보
고글오니라즉졔싀어
ᄇᆡ의집의가살며ᄆᆞᆺ초

나죄반ᄃᆞ시남진의게
졔ᄒᆞᆫ후에야밥을먹더
니나히셜흔둘헤죽으
니라

孫氏密陽府人澈河之女年十六嫁草溪人安近纔數日
近死泣涕三年躬奠朝夕服闋祖父母憐其年少欲奪志
孫氏以死固拒祖父怒强之孫氏潛入園中竹林自縊其
兄見而解之即歸舅姑家居焉朝夕必先祭夫然後乃食
年三十二而終

詩 婉孌從人婦禮莊同牢數日便成孀三年泣血朝晡
奠一片丹心貫彼蒼　翁媼如何奪我志竹林潛縊節
彌堅平生得食長先薦不祭亡夫不下咽

냥시ᄂᆞᆫ무쥐사ᄅᆞᆷ이니
구길셩의계집이라길
칭이죽거ᄂᆞᆯ초장ᄒᆞ고
앗참나조친히졔ᄒᆞ더
니ᄒᆞᆯ노가졔ᄒᆞ고올애
도록도라오더아니ᄒᆞᆯ
시어버이황당이녀겨
가어더보니초장호디
열고판믈안고셔울거
을여버이븟들어돌여
오더니맛초아집블내
에믈메엿셔니낭시은
득뼈여들거ᄂᆞᆯ제오라
비거티내니라두어돌
은ᄒᆞ야제자ᄂᆞᆫ방의셔
목ᄆᆡ야죽거ᄂᆞᆯ여버이
어엿에녀겨남진파ᄒᆞᆫ

되우도니라

梁氏茂朱人具吉生之妻吉生死葬殯朝夕親奠一日往奠移時不返父母怪而尋之則開殯抱棺而哭父母扶以歸適家前川水方漲梁遽投入其兄援出居數月自縊于寢房父母哀之同穴而葬

詩 良人已逝我何依哭奠斯晡淚未晞抱柩移時猶不返與君泉壤欲同歸 投入川中却被援此身長死即深寃終然自縊諧心願同穴相隨入九原

권시ᄂᆞᆫ안동사ᄅᆞᆷ이니
권미셩의ᄯᆞᆯ이라나히
스믈에졔남진송오죵
이죽거ᄂᆞᆯ쳔히ᄒᆞ야지여
졉뒤헤뭇고ᄯᅡᄉᆞᆯ기며
근아기ᄃᆞᆯ이고샹ᄉᆞᄅᆞᆯ
앗ᄎᆞᆷ나조무덤ᄭᅴᄯᅧ
나디아니ᄒᆞ더니ᄒᆞᄅᆞᆫ
범이와아기ᄅᆞᆯ믈어가
거ᄂᆞᆯ권시왼녁손으로
아기ᄅᆞᆯ잡고올ᄒᆞᆫ손으
로범을므니며닐오ᄃᆡ
하ᄂᆞᆯ이알ᄋᆞ시거든ᄃᆡ
쳐보쇼셔ᄒᆞᆫᄃᆡ범이
ᄇᆞ리고가니라

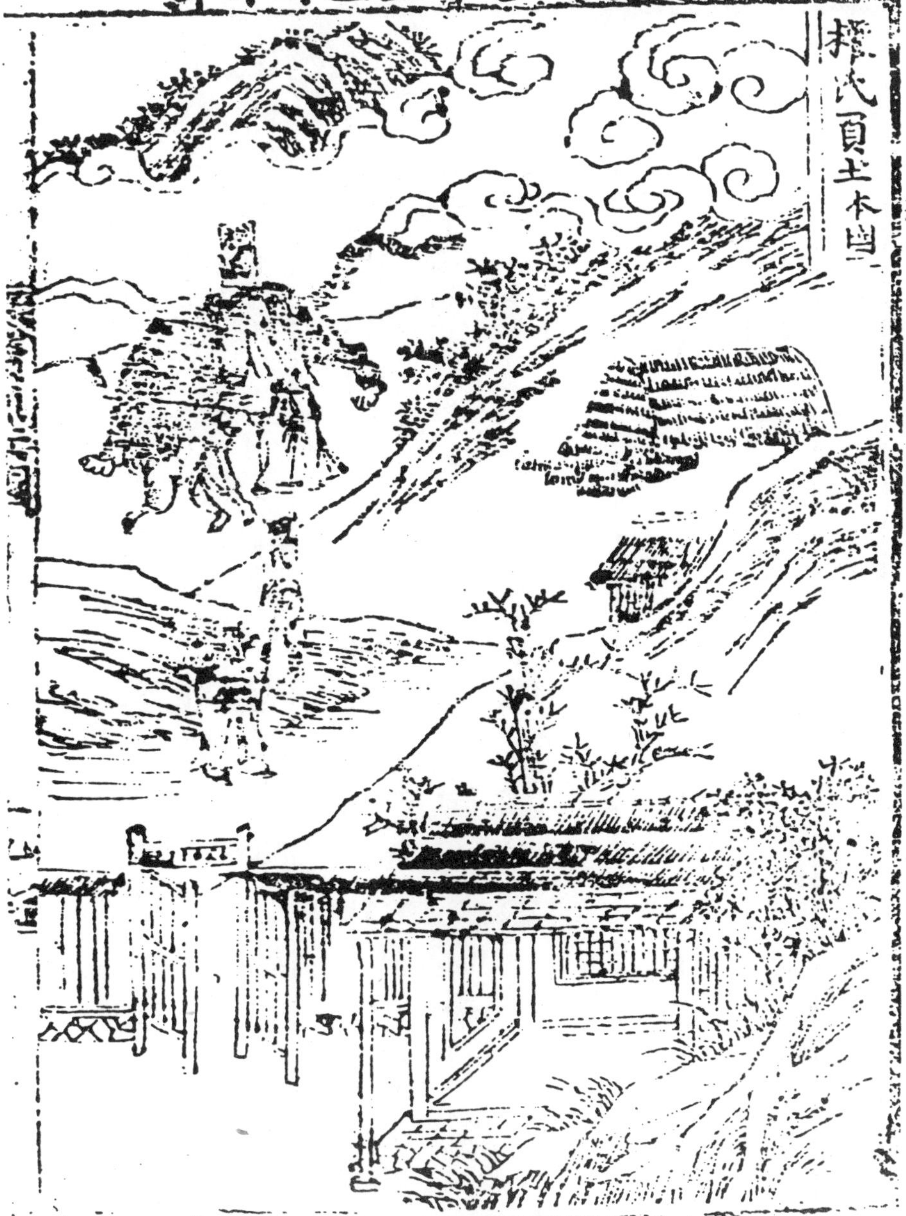

譚氏安東人啓生之女年二十其夫宋孝從死親自負土葬於家北廬墓五歲兒朝夕不離墓側終三年一日虎攬其子提氏左手持子右手拒虎曰皇天有知乞賜照臨虎乃棄去

詩

良人早逝奈沉冤負土成墳舍北原朝夕不曾離墓側菴中唯有小兒存

一夕於菟攬弱兒顚蹄徒手救幾危幽心貞烈天應照猛獸何能奪母慈

김시ᄂᆞᆫ부안사ᄅᆞᆷ이라
졈어셔남진죽거ᄂᆞᆯ어
버이다ᄅᆞ니ᄋᆞᆯ얼요려
ᄒᆞ뎌니김시ᄆᆡᆼ셰ᄒᆞ아
다ᄅᆞᆫ남진아니호리라
ᄒᆞ고믈에들어죽ᄋᆞᆯ여
호대어버이두려아니
열이니라김시죽도록
흰옷닙어셔졔텰ᄒᆞ고
고기먹디아니ᄒᆞ니라

金氏扶安人早喪夫父母欲奪志金誓不他適欲投江父
母懼而止金終身衣白奉祭祀不食肉

詩　自誓丁寧示不更三綱爲重一身輕爺孃若也終難
悟定赴江流舍此生　早年守寡志無他父母雖怜奈
若何衣白終身仍却肉千秋高節耿難磨

셩이ᄂᆞᆫ김ᄒᆡ향니허후
동의계집이라나히스
믈에남진이죽거ᄂᆞᆯᄯᅩ
ᄎᆞᆷ나조ᄒᆡ뎐을과별ᄒᆞ로
새조히ᄒᆞ며삭망이어
든시졀차반을ᄀᆞ초장
만ᄒᆞ요시졀옷솔옷차
지어졔ᄒᆞ고졔ᄒᆞᆫ후에
ᄉᆞᆯ오터라샹베강포ᄒᆞᆫ
놈이더러일가져허칼
을ᄎᆞ고ᄉᆞ홀셰여밈비
ᄒᆞ야날오되칼로죽디
몯ᄒᆞ면노흐로목미야
죽글이라ᄒᆞ고삼텬을
내올어살ᄃᆞᆯ여마조
ᄯᅱ더아니ᄒᆞ니라연조
와ᄂᆞᆫ홍문ᄒᆡ니라

性伊佩刀 本國

烈女圖 二十一

性伊金海府吏許厚同妻年二十夫歿凡朝夕奠具務欲
潔精別置鼎爼以供每遇朔望備時物製時服以祭祭畢
焚之常恐有強暴之汚佩刀帶繩以自誓曰刀不能決繩
以縊之泣血三年未嘗與人對面事聞旌閭

詩 生死幽明道豈殊饔飱精潔薦朝晡溫凉節服隨時
設焚向冥冥告厥夫 佩刀帶索愼周防義重丘山命
一芒耿耿三年空泣血闡閭旌表耀窮鄉

우시노당양사ᄅᆞᆷ어니
김유텽의계집이라나
히스믈에남진어려배
혓만의남진이죽거ᄂᆞᆯ
싀엄이올셤기되ᄀᆞ장
효도ᄒᆞ더니집이블븟
거ᄂᆞᆯ싀엄이ᄂᆞᆰ고병들
어닐어나더못ᄒᆞ더니
우시블에들어가업어
내나라남진의거상못
차ᄂᆞᆯ어버이다론남진
얼요려ᄒᆞ더니우시닐
오되내두ᄌᆞ식이어시
니가히ᄌᆞ뢰ᄒᆞ야살거
시온ᄒᆞ물며남진이죽
올ᄌᆞᆨ와날ᄃᆞᆯ여싀엄이
셤길이읎니므니ᄎᆞ마

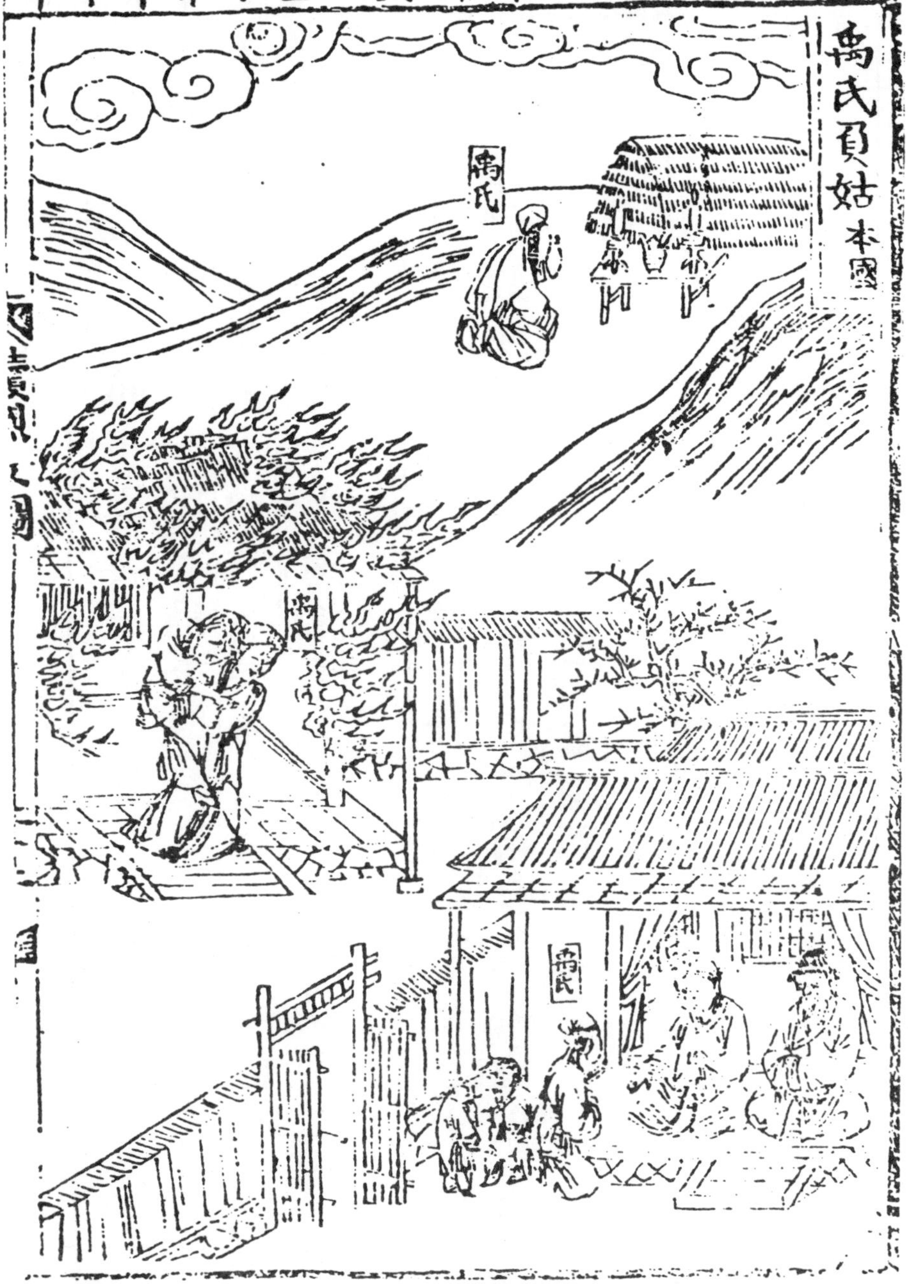

비반ᄒᆞ랴ᄒᆞ고주그므로
로ᄆᆡᆼ셰호대어버이ᄀᆞ
티여얼이디못ᄒᆞ니라
싀엄이죽거ᄂᆞᆯ마장ᄉᆞᆯ
허ᄒᆞ고송장과졔뎐을
녜로써ᄒᆞ니라

禹氏潭陽人金惟貞妻年二十歸金四年而夫死事姑田
氏甚孝家嘗失火田耄且病不能起禹冒火負而出及老
喪畢父母欲奪志禹曰我有二子可資以生況良人死時
屬我養姑其忍背之以死自誓父母不能强姑殁哀毁葬
祭以禮

詩 堂上孀姑老病纏甘辛只托未亡人蒼黃冒火焦毛
髮唯顧姑生不計身 萬古綱常白日臨此身生死亡
貞心分明記得臨亡語泣向爺孃誓更深

강시ᄂᆞᆫ남원사ᄅᆞᆷ이니
최ᄌᆞ강의계집이라남
진이죽거ᄂᆞᆯ신톄ᄅᆞᆯ안
고닐웨ᄅᆞᆯ밥아니먹고
죽으니라엿ᄌᆞ와ᄂᆞᆯ홍
문셰니라

姜氏南原人崔自江妻夫死姜抱屍七日不食而死事聞
旌閭

詩 夫亡無托更何望七日悲號絶水漿生死一身曾已
許抱屍甘與死同藏　百年偕老願無虧一疾何知竟
莫醫孑孑苟生徒自苦此身寧與九泉期

조씨ᄂᆞᆫ단셩사ᄅᆞᆷ이니
나히열여ᄉᆞ새제남진
이나모ᄒᆞ다가범의게
죽거ᄂᆞᆯ조씨ᄉᆞᆯ허ᄡᅢ만
잇더니어버이제ᄠᅳ들
아ᅀᆞᆯ가ᄒᆞ야샹비명비
ᄒᆞ되내다ᄅᆞᆫ무ᄅᆞᆷ곳먹
으면엇디남진ᄋᆞᆯ삼알
매가볼묘ᄒᆞ더니ᄒᆞᄅᆞᆫ
ᄠᅦ어버이ᄶᅡ연남진얼
요려ᄒᆞ대조씨알고목
미야죽으니라엇ᄌᆞ와
놀ᄒᆞᆫ문셰니라

召史自誓 本朝

召史冊城人年十六其夫採薪為虎所害召史毀戚骨立
恐父母奪志常自誓曰我若有他將何以見亡人於地下
一日其父母果欲嫁召史知之縊死事聞旌閭
詩夫死於菟獨未亡呼天地兩茫茫一心自誓寧終
變泉下相從是我常　一齊不改固終身父母如何奪
諒人決意雖經全大節只令青史令名新

옥금이ᄂᆞᆫ안음사ᄅᆞᆷ이라나히열닐곱에남진이죽거ᄂᆞᆯ싀어버이ᄌᆞᆺ차사더니궤ᄆᆞ온사ᄅᆞᆷ이길헤셔맛보아얼요려ᄒᆞ거ᄂᆞᆯ거슬어ᄌᆞᆺ셔아니ᄒᆞ더니그놈이다ᄌᆞᆺ차몸의오나ᄂᆞᆯ옥금이면티몯ᄒᆞᆯ줄ᄋᆞᆯ알고목미야죽으니라

王今不汚 本國

王今安陰人年十七夫死隨舅姑而居路遇里人欲污之拒不從里人逼之至門王今知不免縊死

詩 早寡怜傳托舅姑無端行露欲霑濡此身尚在真為累一死終當地下俱　弱齡已識重彝倫全節終然自殞身只今尚起鄉閭敬留與青編激後人

옥금이ᄂᆞᆫ양근시ᄅᆞᆷ이
니신계등의ᄯᆞᆯ이라향
니니슈명이을얼엇더
니슈명이죽거ᄂᆞᆯ앗ᄎᆞᆷ
나조울고ᄎᆞᄒᆞᆯᄅᆞ볼옴
에친히졔ᄒᆞ더니ᄃᆞᆯ상
ᄒᆞ야ᄂᆞᆷ어버이일죽ᄒᆞᆯ
엄이된줄을어엿ᄡᅵ너
겨다ᄅᆞᆫ남진얼요려듀
미ᄒᆞ야긔약을일뎡ᄒᆞ
야ᄂᆞᆷ못면ᄒᆞᆯ줄을알고
목욕ᄀᆞᆷ고옷ᄀᆞᆯ아닙고
목ᄆᆡ야죽으니라나히
셜흔둘이러라홍티뎍
의ᄒᆞᆼ문셰시니다

上今揚根人愼戒中女[illegible]君[illegible]
親奠朔望服闋父母憫其早孀欲改嫁媒約已定
免沐浴更衣自縊而死年三十有二弘治十三年旌閭
詩朝夕哀號不輟聲精禋朔望事如生一心雖死終無
改不要當時烈婦名　婦人從一是天彝却恨爺孃莫
我知浴罷振衣旋自縊綱常千古日星垂

뎡시노샹쥬사ᄅᆞᆷ이니
ᄢᅳ리권달슈의안해라
연산궈의폐비을뉴존
호려ᄒᆞ거놀달쉬못ᄒᆞ
려라ᄒᆞ야놀연산이죽
이니라텽시식플셔긔
별듯고울으몰굿치디
아니ᄒᆞ니눈몰이진ᄒᆞ야
ᄢᅵ나터라밥이며몰도
아니마시믈두돌남텨
니죵ᄃᆞ럽블오되내엇
디주재죽디아니ᄒᆞ리라
오다노차마죽디아니
홈은놈친의신톄오나
도보아송장ᄒᆞ고나도
그것뒤못릴여ᄒᆞ더니
부모일우디못ᄒᆞ야

[illegible]귀옴에ᄒᆞ미진ᄒᆞ니
내죽을리로다ᄒᆞ고마
쟝울고죽으니라
듕종됴애벼달뭇유운둥
지휴증옹이시고텽시
은슉부인봉ᄒᆞ야흥은
셰시니라

鄭氏尚州人
追尊廢妃尹氏達手時為弘文館校理以為不可
時鄭氏在咸昌村舍聞之歸哭不絶聲淚盡繼血食飲了
入口者凡六十餘日語侍婢曰我豈不能卽死忍活至今
者待夫骸還葬我便托骨其側耳吾願亦遂而氣力已盡
吾其死矣乃痛哭而絶今 上初贈達手都承旨鄭氏淑
夫人旌其閭

詩 良人非罪就官刑聞訃呼天哭死生斷食六旬心力
盡可憐臨絶語丁寧壯士猶難處死宜婦人寧得亏
如斯至今雙墓旌褒重青史芳名萬古垂

니시ᄂᆞᆫ단텽사ᄅᆞᆷ이니
뎡ᄭᅴ형의안해라계형
이죽거ᄂᆞᆯ술허ᄒᆞ더니
거상벗서ᄂᆞᆯ어버이일
ᄶᅵᆨ호올엄이된줄을어엿
비너겨다ᄅᆞ로남진얼요
려ᄒᆞᆫ대니시울고집앏
ᄑᆡᆼ뉴믈에가들어죽을
어ᄒᆞ거ᄂᆞᆯ모올사ᄅᆞᆷ이
더초와보고제집사ᄅᆞᆷ
을블너건뎌내여ᄂᆞᆯ오
래게야살아나ᄂᆞᆯ오되
졔집이ᄒᆞᆼ나ᄒᆞᆯ좃차ᄌᆞᆼ
친ᄒᆞᆯ거시니아니죽어
셔무엇ᄒᆞ료스므남은
ᄂᆞᆯ올밥먹디아니ᄒᆞ거
ᄂᆞᆯ어버이ᄀᆞᆫ드디ᄆᆞᆯ

[illegible]줌을얻[illegible]우가디
아니ᄒᆞ니나히님진의
텽의ᄯᆞᆯ을티브러사터
니어비이말님대되답
ᄒᆞ되내이아히을텨니
블주리아니라죽은남
진원ᄒᆞ야슈신ᄒᆞ려ᄒᆞ
노녜ᄶᅡ라니시어버이
다ᄂᆞᆰ더니ᄯᅩᆼ신토록효
도ᄒᆞ니라

李氏丹
欲奪志李氏號哭抵冢前[illegible]水自溺[illegible]
人拯出良久乃甦曰婦人從一而終不死何為不食
父母知其志堅不敢[illegible]李氏取夫兄之女與居父母禁之
答曰非欲賴兒生活為亡夫守信之計耳姑舅俱年老終
身孝養

[illegible]從一而終節自堅爺孃不諒忍生全分甘必死投堤
水拯溺非人實是天　素心雖死豈能移歸奉姑嫜老
不衰守信為收即姪養餘生非欲賴斯兒

續三綱行實烈女圖 終

丁未閏三月 日
箕營開刊